Vida Cristiana Victoriosa

Fortalece tu fe para caminar más cerca de Dios

Andrés Reina

Copyright © 2015 Andrés Reina

Copyright © 2015 Editorial Imagen.
Córdoba, Argentina

Editorialimagen.com
All rights reserved.

Todos los derechos reservados. Ninguna parte de este libro puede ser reproducida por cualquier medio (incluido electrónico, mecánico u otro, como ser fotocopia, grabación o cualquier sistema de almacenamiento o reproducción de información) sin el permiso escrito del autor, a excepción de porciones breves citadas con fines de revisión.

Todas las referencias bíblicas son de la versión Reina-Valera 1960, Copyright © 1960 by American Bible Society excepto donde se indica: TLA - Traducción Lenguaje Actual, Copyright © 2000 by United Bible Societies. NVI - Nueva Versión Internacional, Copyright © 1999 by Biblica. DHH - Biblia Dios Habla Hoy, Tercera edición © Sociedades Bíblicas Unidas, 1966, 1970, 1979, 1983, 1996. Usada con permiso. NTV - Santa Biblia, Nueva Traducción Viviente, © Tyndale House Foundation, 2010. Usado con permiso de Tyndale House Publishers, Inc., 351 Executive Dr., Carol Stream, IL 60188, Estados Unidos de América. Todos los derechos reservados.

CATEGORÍA: Vida Cristiana/Inspiración

Impreso en los Estados Unidos de América

ISBN-13:
EISBN:

Dios mío,
tú cumplirás en mí
todo lo que has pensado hacer.
Tu amor por mí no cambia,
pues tú mismo me hiciste.
¡No me abandones!

Salmos 138:8 (TLA)

CONTENIDO

Prefacio i
La vida victoriosa 1
Cómo ser amigo de Dios y ganarse Su favor................ 21
Lo que hace la diferencia 29
Cómo te ve Dios 39
Cómo ser un guerrero de Dios 47
La grandeza de nuestro Dios....................................... 53
La verdadera adoración a Dios 61
Cómo vencer la tentación 69
Conociendo más a Dios 77
¿Por qué permite Dios el sufrimiento?........................ 83
Vivir para dar 97

Prefacio

Este libro es la suma de muchas enseñanzas, tanto recibidas como impartidas. Muchas de ellas estaban en varios cuadernos de notas que me decidí un día a transcribir. Mi oración es que al leer este libro Dios pueda hablarte y que tu vida sea fortalecida en el Señor y el poder de su fuerza.

Veremos muchas cosas que me ayudaron en mi caminar con Cristo a través de los años. Lo primero que veremos serán las características de la vida victoriosa en Cristo y 7 promesas que Dios le hace a los vencedores.

A continuación podrás aprender cómo ser amigo de Dios y ganarse Su favor. La biblia dice que Moisés hablaba con Dios cara a cara, ¿Será eso posible en nuestros días?

Otro amigo de Dios, de quien Él dijo "he hallado varón conforme a mi corazón" fue David. He aprendido mucho de la vida de este siervo de Dios y me gustaría compartirlo contigo. Tener un corazón que agrade a Dios es muy importante para estar más cerca de Él y poder servirle mejor.

Seguramente a estas alturas sabes lo que tu papá y tu mamá piensan de ti, seguramente sabes lo que tus hermanos, familiares y amigos piensa de ti, pero ¿realmente sabes lo que Dios piensa de ti? En el capítulo titulado "Cómo te ve Dios" lo descubrirás. Te sorprenderás de cómo te ve Dios y de lo que él piensa de ti.

Una de las características de un cristiano que vive una vida victoriosa es que es un guerrero, y también aprenderás cómo ser un guerrero de Dios. Aprenderemos del ejército de David y de todos los valientes que peleaban a su lado sin doblez de corazón.

Otro tema que veo a diario en mi caminar con Dios es que mucha gente empequeñece a Dios. Es decir, engrandecen sus problemas y llegan a ser tan grandes que tapan la majestad y gloria de nuestro Dios poderoso. En el capítulo "La grandeza de nuestro Dios" recordaremos qué tan grande es Dios. La próxima vez que un problema y situación difícil golpee a tu puerta tendrás una lista de todas las áreas en las que Él es grande. Además veremos un ejemplo práctico de alguien que en medio del valle de sombra de muerte decidió engrandecer a Dios.

Una de las maneras más prácticas de estar conscientes de Su presencia y no perder el enfoque es vivir una vida de continua adoración a Dios. En el capítulo "La verdadera adoración a Dios" veremos este tema de suma importancia. Aprenderemos brevemente la diferencia entre la alabanza y la adoración, y veremos que dijo Jesús acerca de este tema, como así también descubrirás cómo podemos llegar a ser el adorador que Dios quiere que seamos.

Luego analizaremos un tema trascendental: la tentación. Es muy importante saber qué es la tentación, ya que debemos tener algo muy en cuenta: no debemos confundir la tentación con el pecado. La biblia nos muestra que Dios permite que Su pueblo sea probado, pero también nos indica que debemos estar en guardia contra la tentación.

En "Conociendo más a Dios" analizaremos la importancia de pensar en Dios constantemente. Una manera de pensar correctamente sobre Dios es conocerle, así que veremos cómo es Él según Su Palabra, de esta manera tendremos un concepto claro y verdadero de Su persona.

A continuación un tema muy controversial que muchos cristianos todavía no alcanzan a entender: ¿Por qué un Dios de amor permite el sufrimiento? No hace mucho viví la dolorosa experiencia de la muerte en un familiar muy cercano. Fue un tiempo de dolor donde hubo muchas lágrimas derramadas y también muchas preguntas. Si has vivido algo similar sabrás de lo que hablo, y si no este capítulo también te fortalecerá para cuando te toque atravesar el valle de sombra de muerte. Luego de esta experiencia Dios habló a mi corazón y me dio siete razones por las que Él permite que como cristianos experimentemos el sufrimiento y el dolor. Espero que este capítulo sea de mucha bendición a tu vida y que el Espíritu Santo te ministre a medida que lees.

Finalmente compartiré contigo un escrito de mi hermano querido Wayne Myers, misionero en México por más de 64 años. El hermano Wayne es un apóstol y un mentor espiritual para la nación de México. Si alguien puede enseñar sobre la provisión de Dios y las bendiciones que obtenemos al dar, ése es el hermano Myers. El dar y vivir una vida generosa es otra característica fundamental del cristiano que vive la victoria que Cristo consiguió en la cruz.

Espero de todo corazón que e medida que leas este libro Dios pueda hablarte y que Su Espíritu Santo pueda hacer la obra que Él necesita hacer dentro tuyo. ¿Listo para empezar? ¿Estás listo para dejar que Dios obre en tu vida y te transforme a su imagen y semejanza? ¡Muy bien! Empecemos entonces.

1
La vida victoriosa

La primera carta de Juan, en el capítulo 5, versículos del 1 al 5 describe la vida victoriosa. La Biblia usa muchos términos para describir a aquellos que han entrado en una relación personal con Jesucristo. Por ejemplo, somos llamados cristianos. También se nos llama hijos de Dios (Juan 1:12), hijos de la luz (Efesios 5:8), hijos del día (1 Tesalonicenses 5:5), e hijos de obediencia (1 Pedro. 1:14).

Pero hay otra denominación en el Nuevo Testamento que me llama mucho la atención y es el nombre de vencedores. Ese es el sustantivo que Juan usa en 1 Juan 5:4: "Todo lo que es nacido de Dios vence al mundo; y esta es la victoria que ha vencido al mundo, nuestra fe." La traducción en Lenguaje Actual dice en los versículos 4 y 5: "En realidad, todo el que es hijo de Dios vence lo malo de este mundo, y todo el que confía en Jesucristo obtiene la victoria. El que cree que Jesús es el Hijo de Dios, vence al mundo y a su maldad."

Definición de un vencedor

Primero que todo un vencedor en Cristo ha sido salvado por el poder de Dios. El versículo 4 nos dice que los cristianos son vencedores. Sólo aquellos que han nacido de Dios son los únicos vencedores verdaderos.

La palabra griega traducida como "vencedor" significa literalmente eso: "vencedor". La forma verbal de esta palabra griega es *nikao*. El verbo significa "conquistar", "tener la victoria", o "tener superioridad". A veces quiere decir "derrotar."

Los griegos creían que la verdadera victoria sólo puede lograrse por los dioses y no por los hombres. Sólo los dioses eran conquistadores e invencibles. La diosa griega de la victoria fue nombrada *Nike*, que es la forma nominal del verbo *nikao*. Los Estados Unidos incluso utilizan ese nombre para uno de sus misiles aéreos.

Una forma de la palabra *nikao* es utilizada por nuestro Señor en Juan 16:33 cuando Él dijo, "Yo he vencido al mundo". Es una palabra que implica victoria. Lo que quiso decir Jesús fue: "Yo he vencido todo el sistema de Satanás." Una de las verdades más importantes que un cristiano debe entender es que está *en* Cristo. El cristiano está en una unión indivisible con Cristo mismo y, en consecuencia, es un partícipe de su naturaleza divina. Un cristiano comulga con Él de todo lo que Cristo es y tiene, como Su herencia, Su justicia, Su muerte, Su vida y también Su Espíritu. Puesto que Cristo es el vencedor, los cristianos participan de Su victoria. El creyente entonces es un vencedor. Los que han nacido de Dios son verdaderos vencedores.

Una de las victorias más importantes que tenemos como cristianos es la victoria sobre Satanás. Somos vencedores sobre Satanás. Puede parecer que Satanás tiene la victoria ahora, pero al final no lo hará.

Mira lo que dice Apocalipsis 6:2: "Y vi, y he aquí un caballo blanco, y él [el Anticristo] que lo montaba tenía un arco, y fue dada una corona para él, y salió venciendo, y para vencer." Una forma del verbo *nikao* se utiliza en este pasaje. El anticristo salió como vencedor para obtener una victoria. Satanás tendrá la victoria inicial. Él hará algunas cosas devastadoras en la primera parte de la tribulación, 7 toda la humanidad sucumbirá ante él.

Apocalipsis 13:7 dice: "Y se le permitió hacer guerra contra los santos, y vencerlos. También se le dio autoridad sobre toda tribu, pueblo, lengua y nación." Satanás hará guerra contra los santos, y parecerá al principio que va a prevalecer. Satanás parece ser el vencedor.

Pero esa no es toda la historia. Al final, el libro de Apocalipsis dice que los santos van a triunfar sobre Satanás.

Apocalipsis 12:11 dice: "Y ellos le han vencido por medio de la sangre del Cordero y de la palabra del testimonio de ellos, y menospreciaron sus vidas hasta la muerte." Los santos son quienes en última instancia obtienen la victoria.

"Vi también como un mar de vidrio mezclado con fuego; y a los que habían alcanzado la victoria sobre la bestia y su imagen, y su marca y el número de su nombre, en pie sobre el mar de vidrio, con las arpas de Dios." Apocalipsis 15:2

Esta es una imagen de los santos victoriosos en el cielo, después de haber vencido a Satanás y su falsa trinidad.

Apocalipsis 21:7 dice: "El que venciere heredará todas las cosas, y yo seré su Dios, y él será mi hijo."

Fíjate lo que dice Romanos 16:20: "Y el Dios de paz aplastará a Satanás bajo vuestros pies." Satanás ya ha sido derrotado en la cruz. Al leer el libro de Apocalipsis nos damos cuenta que la última batalla ya ha sido ganada. Posicionalmente, Satanás ya está derrotado, pero en la práctica tenemos que ejercer esa victoria día a día.

Inmediatamente después de recibir la salvación, el cristiano vence a la muerte. Mira lo que dice 1 Corintios 15:53-57: "Y nosotros seremos transformados. Dios cambiará estos cuerpos nuestros, que mueren y se destruyen, por cuerpos que vivirán para siempre y que nunca serán destruidos. Cuando esto suceda, se cumplirá lo que dice la Biblia:

«¡La muerte ha sido destruida!
¿Dónde está ahora su victoria?
¿Dónde está su poder para herirnos?»

El pecado produce la muerte, y existe porque hay una ley. ¡Pero gracias a Dios, podemos vencerlo por medio de nuestro Señor Jesucristo!" (TLA) El creyente vence a la muerte.

La tercera cosa que el cristiano conquista es el mundo.

1 de Juan 5:4 dice: "Lo que es nacido de Dios vence al mundo." El creyente es un vencedor sobre el sistema invisible y espiritual del mal que opera en el mundo para capturar almas con el fin de que su destino sea el infierno. Cuando una persona es salva, sale de las garras de Satanás que lo tenía cautivo y es trasladado al Reino de la luz. Si te fijas bien en la frase "lo que es nacido de Dios" en el versículo 4, encontrarás que está escrita en tiempo presente, lo que significa que el cristiano está continuamente experimentando victoria sobre el mundo. Es un hábito en la vida del cristiano conquistar el sistema del mundo.

¿Qué significa ser un vencedor? Por un lado, sería una tontería perder cuando tenemos el poder para vencer. Como mencioné anteriormente, posicionalmente hemos vencido a Satanás, la muerte y el mundo. Pero desde un punto de vista práctico, hay que reivindicar y ejercer esa victoria en el día a día. Los cristianos son vencedores. Todo lo demás en este mundo ha sido derrotado.

Características de un vencedor
El pasaje que vimos al principio (1 Juan 5:1-5) nos da una lista de las tres cualidades que son comunes a todos los vencedores en Cristo:

A. La fe en Jesucristo (vv. 1 bis, 4) "Todo aquel que cree que Jesús es el Cristo, es nacido de Dios.... Porque todo lo que es nacido de Dios vence al mundo; y esta es la victoria que ha vencido al mundo, nuestra fe."

Los vencedores son los nacidos de Dios - las personas

que han puesto su fe en Jesucristo. Cuando pones tu fe en Cristo has nacido de Dios y por eso eres un vencedor.

Somos vencedores por el acto de creer, lo que resulta en nuestro nuevo nacimiento. Todo lo que se necesita para ser un vencedor es creer que Jesús es el Ungido que ha venido de Dios. La frase griega combina el tiempo presente y perfecto: "Todo aquel que cree que Jesús es el Cristo, es nacido de Dios;" Eso nos dice que la fe es el resultado y no la causa del nuevo nacimiento.

Si realmente has nacido de nuevo, entonces no te costará trabajo creer. Algunas personas piensan que todo lo que se requiere para la salvación es simplemente un momento de fe. Pero los verdaderos cristianos tienen fe desde su salvación en adelante. Jesús dijo en Juan 8:31, "Si vosotros permanecéis en mi palabra, seréis verdaderamente mis discípulos." Los verdaderos hijos de Dios demuestran que han nacido de nuevo al creer en Jesús, el Hijo unigénito de Dios.

1 Juan 5:1 dice que una persona que ha nacido de Dios cree que Jesús es el Cristo. Debe creer que Jesús hecho hombre es la encarnación de Dios - el Mesías, Rey, Salvador y Redentor. Los gnósticos de aquel entonces, y a los cuales Juan también estaba escribiendo, negaban que Jesús era el Cristo.

Juan dijo que sus pretensiones eran inútiles a menos que creyeran que Jesús era Dios hecho hombre. La palabra griega traducida como "creencia" no se refiere sólo a los logros intelectuales o una destreza mental, sino una aceptación incondicional de todo lo que está implícito en las afirmaciones de Cristo. Tienes que creer que Jesús es Dios y que Él murió por nuestros pecados, entregando toda tu vida a Él en sacrificio para servirle como Señor. Eso caracteriza a las personas que han nacido de Dios y que son vencedores.

1 Juan 5:4 define mejor el concepto de la fe: "Lo que es nacido de Dios vence al mundo; y esta es la victoria que ha vencido al mundo, nuestra fe." "Creer" y "fe" son dos palabras en castellano que se tradujeron del original griego *pistas* y *pisteuo*. El ingrediente esencial en la vida del vencedor es su fe. La victoria del cristiano se basa en la realidad de que Jesucristo es quien decía ser.

1 Juan 5:5 dice: "¿Quién es el que vence al mundo, sino el que cree que Jesús es el Hijo de Dios?" Juan está haciendo hincapié en la necesidad de creer en Cristo, él ya ha mencionado esta frase muchas veces en la epístola de Primera de Juan, y también tres veces en este pasaje. Está diciendo en el versículo 5 que la característica básica de un vencedor es que cree en Jesucristo. Un creyente es aquel cuya fe vence al mundo.

Hay mucha gente en este mundo que lucha por encontrar soluciones para las plagas y los problemas de esta vida que no se pueden resolver. Pero Jesús dice: "Te ofrezco una vida que vence a Satanás y todas sus fuerzas, incluyendo la muerte y las plagas del sistema que corrompe a este mundo. Todo lo que pido es que creas que yo soy Dios encarnado, que murió por tus pecados y resucitó para tu justificación." Si pones tu fe en Cristo, naces a una nueva vida en victoria. Yo no quiero ser víctima de Satanás, que anda como león rugiente, buscando a quien devorar (1 Pedro 5:8). Ya no quiero ser víctima de la muerte y ser enviado al infierno. Y tampoco quiero caer víctima del sistema actual del mundo que está corrompido y basado en el mal. Si hay alguna victoria que pueda obtener, pues entonces la quiero. Jesús dijo que puedes ser un super-conquistador si crees en Él y si has nacido de nuevo. Los vencedores se caracterizan por la fe.

B. El amor a Jesucristo (vv. 1b, 5) "Y todo el que ama al que engendró, ama también al que ha sido engendrado por él .... ¿Quién es el que vence al mundo, sino el que cree que Jesús es el hijo de Dios?"

Es característico de los vencedores no sólo amar a Dios, sino también amar a todos los que son engendrados por Dios. Un verdadero creyente confiesa a Cristo y ama a sus hermanos.

1. El objetivo del de amor. 1 Juan 5:2 dice: "En esto conocemos que amamos a los hijos de Dios, cuando amamos a Dios y guardamos sus mandamientos." El nuevo nacimiento nos lleva no sólo a una relación con el Hijo eterno, sino a una relación con los hijos del Padre. En ese mismo pasaje, Juan da un principio universal y evidente, que ya ha compartido en muchos otros lugares (1 Juan 2:5, 10-11; 3:10; 4:7-8, 12, 21): Si amas a Dios, amarás a tus hermanos. Todo aquel que ama al Padre amará también a Sus hijos. La salvación no es sólo estar enamorado de Dios, sino también estar enamorado de los hijos de Dios. Si yo he nacido de Dios, entonces voy a amar a todos los que han nacido de Dios, porque Dios también mora en ellos.

2. Características del amor. El amor no es un sentimiento, es un acto de sacrificio. Por ejemplo, 1

Pedro 4:8 dice: "El amor cubre una multitud de pecados" (NVI). El amor es mucho más fuerte que la falta que algún hermano pueda haber cometido contra nosotros. Si amo a alguien, voy a tener el deseo de reprender sus pecados, cubrirlo, perdonarlo y restaurarlo. El verdadero amor no se manifiesta solamente dando a conocer el mal, el amor hace algo en bienestar de nuestro prójimo. El amor es muy práctico. Esta clase de amor es característico de todos los que son vencedores porque aman a sus hermanos.

Juan dice también en 1 Juan 5:2: "En esto conocemos que amamos a los hijos de Dios, cuando amamos a Dios, y guardamos sus mandamientos." En el versículo 1 Juan dice que sabemos que amamos a Dios porque amamos a nuestros hermanos cristianos. En el versículo 2 dice que los amamos porque amamos a Dios. Algunos dirán que es un razonamiento en círculo, y eso es exactamente correcto. No se puede amar a nuestros hermanos sin amar a Dios, y no se puede amar a Dios sin amar a nuestros hermanos. Una cosa prueba la otra. Juan está diciendo que es característico de vencedores amarnos unos a otros.

C. La obediencia a Jesucristo (vv. 2-3) "Pues este es el amor a Dios, que guardemos sus mandamientos; y sus mandamientos no son gravosos. Porque todo lo que es nacido de Dios vence al mundo; y esta es la victoria que ha vencido al mundo, nuestra fe."

1. La obediencia interna. La fe, el amor y la obediencia están entrelazados. Juan vincula la obediencia al amor en el versículo 2: "Amamos a Dios, y guardamos sus mandamientos". También vincula el amor con la

obediencia en el versículo 3: "Este es el amor de Dios, que guardemos sus mandamientos". Y luego relaciona la fe al amor en el versículo 1: "y todo aquel que ama al que engendró, ama también al que ha sido engendrado por él." Los tres son inseparables. El amor, la fe y la obediencia a la Palabra de Dios son todas características del creyente. Pero la prueba verdadera del amor es la obediencia.

Dios quiere obediencia que no esté externamente motivada, sino que venga de tu interior. Dios quiere que obedezcas por amor, no por temor (1 Juan 4:18). En Romanos 6:17-18 Pablo dijo: "Pero gracias a Dios, que aunque erais esclavos del pecado, habéis obedecido de corazón a aquella forma de doctrina a la cual fuisteis entregados; y libertados del pecado, vinisteis a ser siervos de la justicia." Pablo estaba diciendo que los cristianos romanos habían obedecido de corazón. Dios no quiere obediencia superficial, externa, sino una obediencia que está motivada desde el corazón.

2. Obediencia Total. Además de la obediencia interna, Dios quiere obediencia total. La obediencia parcial no satisface a Dios. Algunas personas piensan que Dios está satisfecho cuando hacen algunas cosas bien y algunas otras mal. Pero Él no se va a conformar con dos de cada tres. Él quiere obediencia total. Algunas personas dicen que creen en toda la Biblia excepto la parte que dice que las esposas deben someterse a sus esposos, pero eso no es aceptable. En el libro de Josué 22:2-4, leemos que Josué le dijo a los israelitas: " Vosotros habéis guardado todo lo que Moisés siervo de Jehová os mandó, y habéis obedecido a mi voz en todo lo que os he mandado. No habéis dejado a vuestros

hermanos en este largo tiempo hasta el día de hoy, sino que os habéis cuidado de guardar los mandamientos de Jehová vuestro Dios. Ahora, pues, que Jehová vuestro Dios ha dado reposo a vuestros hermanos, como lo había prometido, volved, regresad a vuestras tiendas, a la tierra de vuestras posesiones, que Moisés siervo de Jehová os dio al otro lado del Jordán." Dios cumplió su promesa ya que su obediencia fue total y motivada por el corazón.

3. Obediencia constante. La tercera clase de obediencia que Dios quiere es la obediencia constante: "Por tanto, amados míos, como siempre habéis obedecido, no como en mi presencia solamente, sino mucho más ahora en mi ausencia, ocupaos en vuestra salvación con temor y temblor" (Filipenses 2:12).

Mira lo que dice Mateo 6.10: "Venga tu reino. Hágase tu voluntad, como en el cielo, así también en la tierra." Otra traducción de este pasaje es la siguiente: "Ven y sé nuestro único rey. Que todos los que viven en la tierra te obedezcan, como te obedecen los que están en el cielo." (TLA)

Me gustó mucho lo que dice Newman Hall, LL. B., un ilustrador bíblico hablando de Mateo 6.10: "Que nuestra obediencia se parezca a la que se practica en el cielo; que no se caracterice por arranques repetidos de actividad, con recaídas en la indolencia, que sea sin necesidad de avivamientos sobre la apatía, no dependiente de la novedad que pronto pierde su encanto, sino paciente y perseverante ante cualquier cambio y circunstancia; no como un arroyo de montaña, cuyo canal está rocoso, desnudo y quemado por el sol cuando la nieve no se derrite y las lluvias no caen, sino como un río profundo, amplio, siempre fluyendo como un torrente de agua viva."

Dios desea obediencia constante, y eso involucra ser obedientes aun cuando no lo sentimos.

4. Obediencia alegre. El último tipo de obediencia que Dios quiere es aquella que viene de lo más profundo del corazón: la obediencia alegre. Tal vez puedas estar preguntándote cómo podrías obedecer como Dios quiere que lo hagas. Pero se puede.

a) 2 Corintios 9:7 "Cada uno dé como propuso en su corazón: no con tristeza, ni por necesidad, porque Dios ama al dador alegre." Aquí se nos exhorta a dar alegremente.

b) Filipenses 4:4. Este versículo nos dice: "Regocijaos en el Señor siempre. Otra vez digo: ¡Regocijaos!" La desobediencia es un pecado, pero la obediencia inconsistente, parcial y a regañadientes también está mal. Dios quiere una respuesta de amor total, constante y gozosa cuando te toque obedecer. Y Él te lo pide así porque "sus mandamientos no son gravosos." (1 Juan 5:3). En otras palabras, obedecerle no es difícil cuando le amamos. Los mandamientos de Jesús no son gravosos por tres razones: una, si te equivocas, Él te perdona. Dos, Él nunca te pedirá que hagas algo sin darte el poder para hacerlo. Y tres, guardamos sus mandamientos no por miedo, sino por amor. Eso no quiere decir que son fáciles de obedecer, sino que no son imposibles.

7 promesas para los vencedores

Juan describe los increíbles beneficios del vencedor, sólo que no lo hace en la Primera Carta de Juan, sino en el libro de Apocalipsis. En los capítulos 2 y 3 hay siete cartas a las siete iglesias del primer siglo. Al final de cada carta podemos leer una promesa para el vencedor. Esas promesas fueron dadas a los verdaderos creyentes de esas iglesias en particular, pero también se aplican a todos los creyentes a lo largo de los siglos.

1. El Árbol de la Vida. La primera alegría de un vencedor es el regalo del árbol de la vida. Apocalipsis 2:7 dice: "El que tiene oído, oiga lo que el Espíritu dice a las Iglesias: Al que venciere, le daré a comer del árbol de la vida, el cual está en medio del paraíso de Dios." Había un árbol en el Jardín del Edén llamado el árbol de la ciencia del bien y del mal. Cuando Adán y Eva comieron del árbol se convirtieron en pecadores. Pero había otro árbol en el jardín llamado el árbol de la vida. Dios quitó a Adán y Eva del Jardín porque no quería que comieran del árbol de la vida. Él no quería que los pecadores tuvieran vida eterna porque eso habría traído el pecado a Su eterna morada. Por esta razón puso a un ángel con una espada encendida para guardar el jardín con el fin de que no pudieran volver para comer del árbol de la vida.

Pero ¿sabías que Dios trasplantó ese árbol del huerto y lo llevó al cielo? Apocalipsis 22:2 dice: "En medio de la calle de la ciudad, y a uno y otro lado del río, estaba el árbol de la vida, que produce doce frutos, dando cada mes su fruto; y las hojas del árbol eran para la sanidad de las naciones." ¡Ese sí que es un árbol grande, ya que se encuentra a ambos lados de un río! Cuenta con doce clases de frutos. ¿Alguna vez viste un árbol con esas características? ¡Claro que no! Y dice además que da su fruto todos los meses. Sus hojas sirven para la sanidad de las naciones. La palabra "sanidad" no se refiere a la curación de alguna enfermedad, sino que se refiere a la capacidad de poder brindar salud. No vamos a tener hambre o sed en el cielo, pero vamos a comer y beber por puro placer. Apocalipsis 2:7 dice: "Al que venciere, le daré a comer del árbol de la vida, el cual está en medio del paraíso de Dios." Eso significa que al vencedor se le promete el cielo. La primera promesa que vemos aquí para los vencedores es que disfrutarán a la presencia de Dios eternamente en Su paraíso.

2. Vida Eterna. La segunda promesa para el vencedor es la vida eterna. Apocalipsis 2:11 dice: "El que tiene oído, oiga lo que el Espíritu dice a las iglesias. El que venciere, no sufrirá daño de la segunda muerte." Hay dos muertes mencionadas en la Biblia: la primera es la muerte física y la segunda es la muerte espiritual. La muerte espiritual produce la muerte eterna. El vencedor no sufrirá daño de la segunda muerte. Todo el mundo va a morir físicamente, porque el versículo 10 dice: "Sé fiel hasta la muerte, y yo te daré la corona de la vida", pero el creyente no morirá espiritualmente. ¡Eso sí que es emocionante! El hombre que no es un vencedor muere sólo para morir de nuevo. El vencedor muere para vivir para siempre. ¡Qué promesa!

3. El Pan de Vida. La tercera promesa para un vencedor es el maná escondido de Dios y una piedra blanca. Apocalipsis 2:17 dice: "El que tiene oído, oiga lo que el Espíritu dice a las Iglesias. Al que venciere, le daré a comer del maná escondido, y le daré una piedrecita

blanca, y en la piedra escrito un nombre nuevo, que nadie conoce excepto el que lo recibe." El vencedor recibe dos cosas:

a) Maná escondido. Y es el maná es Jesús. Se trata nada más y nada menos que un festín en la presencia de Jesucristo. La gente suele preguntar cómo será el cielo. Yo siempre digo: "El cielo es donde está Jesús." Eso es suficiente para mí - un banquete en su presencia, ya que Jesús es el maná escondido y el Pan de la Vida. Ese sí que será un rico banquete, ¡pasar la eternidad en Su presencia!

b) Una piedra blanca. Dios no sólo nos dará el maná, sino también una piedra blanca. En el texto griego, la piedra blanca se refiere a un diamante. Existe un debate acerca de lo que podría significar. Personalmente pienso lo siguiente:

En el Antiguo Testamento, el sacerdote tenía en su coraza una piedra brillante llamado el Urim. Cuando la gente quería conocer la voluntad de Dios, Él la revelaba en esa piedra. La piedra blanca podría referirse al conocimiento absoluto y último de la voluntad de Dios. ¿Qué más se puede pedir que tener toda la revelación de Dios y el conocimiento que se nos da en la gloria?

¿Alguna vez has pensado en cómo es el cielo? Tal vez te parezca un lugar frío y bastante impersonal, ya que estaremos rodeados de los santos justos de Dios. ¿Será que nos sentiremos como una gran cantidad de ganado celestial amontonados por ahí? ¡Claro que no! Dios le va a dar a cada uno de nosotros un cristal en el estará escrito un nombre nuevo, conocido solamente por la persona que lo recibe. Mi piedra dirá una cosa y la tuya dirá otra diferente. Cualquier otra cosa que pase en el cielo, Dios y yo tendremos nuestra propia relación especial Lo mismo será cierto para ti. Compartirás cosas únicas y especiales con Aquel que te creó. Todos vamos a ser seres únicos e individuales en la gloria. ¿Cuál será tu nuevo nombre? ¿Ya lo pensaste? ¡Nadie lo sabrá más que tú y Dios!

En el cielo vamos a tener una relación personal con Dios para siempre. Vamos a estar en la presencia del maná escondido: Jesucristo. Vamos a comer del árbol de la vida y beber el agua desde el río cristalino que fluye desde Su trono. Nunca vamos a ser tocados por la segunda muerte. ¡Qué promesas fabulosas!

4. El poder de la vida. Apocalipsis 2:26-28 dice: "Al que venciere y guardare mis obras hasta el fin, yo le daré autoridad sobre las naciones, y las regirá con vara de hierro; y serán quebradas como vaso de alfarero, como yo también la he recibido de mi Padre. Y le daré la estrella de la mañana".

a) Poder sobre las naciones. ¿A qué se refiere con la frase, "le daré autoridad sobre las naciones?" En el Salmo 2:8-9 Dios dijo que le daría autoridad sobre las naciones al Mesías. Apocalipsis 2:27 está diciendo que cuando Jesús reciba el poder sobre las naciones nos lo dará a nosotros. Vamos a gobernar con Cristo en su reino milenario.

Se podría pensar que su gobierno será duro ya que Él gobernará con "vara de hierro". La palabra griega que se traduce "vara" es *poimanei*, y significa "pastor", por lo tanto es una vara de pastor, no un garrote.

Habrá disciplina en el reino. Donde habite el mal y el pecado, el juicio se hará cumplir. Pero también habrá cuidado, alimento, sustento y compasión, ya que esta vara es del pastor de Israel. ¿Alguna vez soñaste con estar sentado juntamente con Cristo en su trono? Tal vez ya estés pensando: "¿Quién, yo? ¡Si ni siquiera soy el jefe en mi trabajo!" Pero recuerda, si gobernamos en este nuevo reino es por pura gracia.

b) La estrella de la mañana. Apocalipsis 2:28 dice: "Yo le daré la estrella de la mañana". Somos dueños de la estrella de la mañana. Apocalipsis 22:16 dice: "Yo, Jesús, he enviado a mi ángel para daros testimonio de estas cosas en las iglesias. Yo soy la raíz y el linaje de David, la estrella resplandeciente de la mañana". ¿Quién es la estrella de la mañana? Jesús. ¿Sabes quién va a ser mío en el cielo? Jesús. Es el premio mayor que se le da a los vencedores. En 2 Pedro 1:19 Pedro dice: "Y el lucero de la mañana salga en vuestros corazones". En cierto sentido, la estrella de la mañana ya está brillando en nosotros, pero algún día pertenecerá a nosotros en la plenitud de Su presencia. Vamos a gobernar a las naciones y disfrutar el pertenecer al Señor de las naciones.

5. El libro de la vida. Apocalipsis 3:5 nos da la quinta promesa de un vencedor: "El que venciere será vestido de vestiduras blancas, y no borraré su nombre del libro de la vida, y confesaré su nombre delante de mi Padre y delante de sus ángeles." Aquí hay otras dos características más de un vencedor.

a) Vestidos con ropas blancas. El blanco es símbolo de rectitud, pureza, santidad y gloria. Vamos a estar vestidos de blanco, que es el color de Cristo. Cuando Él venga del cielo montado en un caballo blanco, vestido con una túnica blanca, vamos a estar con él en caballos blancos, vestidos de ropas blancas. A causa de su propia justicia, Él nos viste en Su propia santidad, pureza y la rectitud.

b) Confesaré su nombre ante Dios. Juan dice además: "Y no borraré su nombre del libro de la vida, y confesaré su nombre delante de mi Padre, y delante de sus ángeles" (Apocalipsis 3:5). Muchas personas se confunden cuando leen este pasaje, pues se preguntan: "¿Eso significa que tu nombre puede ser borrado del libro de la vida?" ¡No! El texto claramente dice: "no borraré su nombre del libro de la vida." Estamos seguros en Cristo.

En los días de Juan, los reyes en cada área tenían un registro. Todos los nombres de las personas eran escritos en dicho registro. Cuando alguien cometí un acto criminal su nombre era eliminado del registro inmediatamente. Nuestro Señor está diciendo: "El mundo puede tachar tu nombre de sus listas, los reyes pueden eliminar tu nombre de sus listas por el delito de cristianismo, pero yo no borraré tu nombre de mi libro." Eso significa que puedes estar seguro en Él. Esto no implica que Dios no borre nombres, sino que hace hincapié en que Él los mantiene allí escritos ¿No estás contento de que tu salvación está garantizada? Él dice: "Yo confesaré tu nombre delante de mi Padre y delante de sus ángeles."

6. El nombre de la vida. Apocalipsis 3:12 dice: "Al que venciere, yo lo haré columna en el templo de mi Dios, y nunca más saldrá de allí; y escribiré sobre él el nombre de mi Dios, y el nombre de la ciudad de mi Dios, la nueva Jerusalén, la cual desciende del cielo, de mi Dios, y mi nombre nuevo."

a). La "columna en el templo de mi Dios" ¿Qué significa ser un pilar en el templo de Dios? En los días de Juan, las personas importantes eran honradas cuando se colocaba un pilar con su nombre inscrito en el templo local. Grandes templos a ciertos dioses se convirtieron en monumentos de honor perpetuo a los ciudadanos famosos, ya que comenzaron a marcar las columnas con los nombres de estos ciudadanos. Como vencedores, tú y yo tenemos pilares en el salón celestial de la fama. De hecho, ¡ya somos pilares! Estamos siendo honrados eternamente en el salón celestial de la fama.

El versículo continúa diciendo: "y nunca más saldrá de allí." Históricamente, esta carta fue escrita a la iglesia de Filadelfia, que se encuentra cerca de un volcán. La gente que allí vivía estaba constantemente sometida a terremotos. Cada vez que un terremoto azotaba con furia la gente huía de la ciudad, ya que era destruida muy a menudo. El Señor le estaba diciendo a este grupo de creyentes: "Yo voy a hacer columnas, y nunca vas a tener que huir. Nunca vas a tener que temer. En el cielo no tendrás miedo, las columnas de mis templos nunca han colapsado allí. Estarás seguro".

b). El nombre de mi Dios. Además, Jesús va a escribir sobre nosotros "el nombre de mi Dios", que es la marca de posesión. Él va a escribir "el nombre de la ciudad de mi Dios, la nueva Jerusalén, la cual desciende del cielo, de mi Dios." Esa es la marca de ciudadanía. Él escribirá "mi nombre nuevo", que es la marca del amor. Nosotros pertenecemos a Dios, al cielo, a Jesús. Vamos a tener sus nombres escritos en nosotros. Vamos a ser pilares inconmovibles, viviremos en un lugar donde no tendremos miedo y donde no tendremos que huir nunca jamás. ¡Eso sí que es emocionante!

7. El trono de la vida. La séptima promesa para un vencedor está en Apocalipsis 3:21: "Al que venciere, le daré que se siente conmigo en mi trono, así como yo he vencido, y me he sentado con mi Padre en su trono". Qué podría ser más sublime que estar en el cielo sentado en el trono de Dios.

¿Te imaginas lo que hubiera pasado si estuvieras viviendo en la época de los Césares y te sentaras en su trono para decirle: "¡Esto es increíble César!?" seguramente hubieras ido a parar al calabozo… o a la horca. Pero en este caso vamos a reinar junto con Jesús, sentados en su trono, y él se sentará en el trono del Padre. Todos vamos a estar en el mismo lugar.

Ahora ya sabes qué significa ser un vencedor en Cristo. Nunca olvides estas siete promesas que están reservadas para todos aquellos que han decidido confiar en Jesús y creer que Él es el hijo de Dios.

2
Cómo ser amigo de Dios y ganarse Su favor

"Y se cumplió la Escritura que dice: Abraham creyó a Dios, y le fue contado por justicia, y fue llamado amigo de Dios." Santiago 2:23 (RVR1960)

"Y hablaba Jehová a Moisés cara a cara, como habla cualquiera a su compañero. Y él volvía al campamento; pero el joven Josué hijo de Nun, su servidor, nunca se apartaba de en medio del tabernáculo." Éxodo 33:11 (RVR1960)

Vemos en estos pasajes que Moisés llegó a tener una comunión con Dios tan íntima que los dos (Jehová y Moisés) hablaban cara a cara, como cuando hablas con tu amigo. ¿Puedes imaginarlo? La verdad es que no puedo imaginarme a Dios, a Moisés puede que sí, pero es algo tan impresionante que lo único que puedo llegar a imaginar es a Moisés hablando de frente con alguna especie de luz brillante.

Leamos el resto del capítulo 33 del libro de Éxodo:

"Y dijo Moisés a Jehová: Mira, tú me dices a mí: Saca este pueblo; y tú no me has declarado a quién enviarás conmigo. Sin embargo, tú dices: Yo te he conocido por tu nombre, y has hallado también gracia en mis ojos.

13 Ahora, pues, si he hallado gracia en tus ojos, te ruego que me muestres ahora tu camino, para que te conozca, y halle gracia en tus ojos; y mira que esta gente es pueblo tuyo.

14 Y él dijo: Mi presencia irá contigo, y te daré descanso.

15 Y Moisés respondió: Si tu presencia no ha de ir conmigo, no nos saques de aquí.

16 ¿Y en qué se conocerá aquí que he hallado gracia en tus ojos, yo y tu pueblo, sino en que tú andes con nosotros, y que yo y tu pueblo seamos apartados de todos los pueblos que están sobre la faz de la tierra?

17 Y Jehová dijo a Moisés: También haré esto que has dicho, por cuanto has hallado gracia en mis ojos, y te he conocido por tu nombre.

18 El entonces dijo: Te ruego que me muestres tu gloria.

19 Y le respondió: Yo haré pasar todo mi bien delante de tu rostro, y proclamaré el nombre de Jehová delante de ti; y tendré misericordia del que tendré misericordia, y seré clemente para con el que seré clemente.

20 Dijo más: No podrás ver mi rostro; porque no me verá hombre, y vivirá.

21 Y dijo aún Jehová: He aquí un lugar junto a mí, y tú estarás sobre la peña;

22 y cuando pase mi gloria, yo te pondré en una hendidura de la peña, y te cubriré con mi mano hasta que haya pasado.

23 Después apartaré mi mano, y verás mis espaldas; mas no se verá mi rostro." Éxodo 33:12-23 (RVR1960)

Cuando leo esto en realidad no salgo de mi asombro. Moisés, en los primeros versículos le pide a Dios que le haga SABER sus planes. Luego, en los versículos 15 y 16 Moisés le confiesa al Señor que sin Él, tanto el pueblo como Moisés no podrían distinguirse de los demás. Con el Señor de su lado las demás naciones sabrían que Israel contaba con el apoyo de Dios, es decir que así podrían dar testimonio.

Ahora fijémonos en las respuestas de Dios:

A la primera petición de Moisés (saber sus planes), Dios le contesta que Él lo ACOMPAÑARÁ y le dará DESCANSO.

Esto me recuerda las palabras de Jesús en Mateo 11.28: "Venid a mí todos los que estáis trabajados y cargados, y yo os haré descansar." (RVR1960)

A la segunda petición de Moisés (acompañar al pueblo), el Señor dice que también lo hará. ¿Por qué? Porque Moisés no pedía sólo para él, y esto es muy importante, sino que pedía para el bienestar del pueblo. Entonces Jehová se fijó que las peticiones de Moisés eran justas.

El versículo 17 nos muestra que el Señor le concedió todo esto porque confiaba en Moisés, él hallo gracia en los ojos de Dios, es decir que se GANÓ su favor. La versión Traducción en Lenguaje Actual dice lo siguiente:

"Dios le respondió: —Está bien, voy a acompañarlos, porque realmente te amo y confío en ti." (Éxodo 33.17)

Luego de esto, como cambiando de tema, Moisés le pide a Dios que le deje ver su gloria, pero ese es otro tema. En esta ocasión me gustaría hacer énfasis en esto: Moisés se ganó el favor de Dios. Lo que me lleva a preguntarme: Hoy en día, ¿Cómo puedo hacer para ganarme el favor de Dios? ¿Cómo puedo ser su amigo?

Somos cristianos, ¿verdad?, pero ¿qué es ser un cristiano? Un cristiano es un seguidor de Cristo Jesús.

El seguidor de otra persona QUIERE SER como esa persona. Por ejemplo, si me gustara cocinar, leería libros y aprendería viendo programas de televisión donde enseñe mi cocineros preferido. Adoptaría sus costumbres, gestos y trataría de cocinar tan bien como él, es decir, aspiraré a ser como él.

Entonces, un cristiano es alguien que quiere ser como Cristo. Pero, ¿Cómo puedo lograr ser como él?

Esto es obvio, pero muy pocos lo ponen en práctica. Yo puedo ser como Jesús hablando con él y de él, leyendo y estudiando la Palabra de Dios y haciendo lo que ella me indica, entre muchas otras cosas.

Muchas personas cristianas basan su creencia en sus sentimientos y emociones, dejando al Espíritu Santo, quien es nuestro guía, de lado.

Hay personas, aun dentro de la Iglesia, que todavía se sienten vacías y buscan amistad en otras personas, porque en realidad no han comprendido lo que verdaderamente es el cristianismo.

Ser cristiano no es acatar los mandamientos de una religión, sino apartar tiempo para hacer crecer una relación. Hoy en día la gente piensa que el cristianismo es una serie de reglas que hay que seguir y prohibiciones que hay que cumplir, pero no se dan cuenta que el verdadero cristianismo se trata de mantener una relación fresca y dinámica con nuestro Creador.

Solamente al tener una relación con Dios podremos construir una comunión con Él. ¿Qué significa la comunión con Dios?

Presencia: Dios el Padre quiere que experimentes Su presencia. Hoy puedes hacerlo gracias al Espíritu Santo.

Compañerismo: Dios desea acompañarte en cada paso que des en esta vida.

Compartir mutuamente: Puedes derramar tu corazón ante Él y Él derramará el suyo. Si tú compartes tu tristeza y dolor, Él derramará sobre ti Su gozo y Su paz.

Participación mutua: Te conviertes en amigo de Dios y partícipe en Su obra en este mundo.

Intimidad: Puedes estar cerca de Dios todos los días en cualquier lugar.

Amistad: Dios anhela que compartas con Él los secretos más íntimos de tu corazón

Camaradería: En griego esta palabra significa "comandante". Dios es el capitán de tu vida, siempre guiando tus pasos pero respetando tus decisiones.

Por eso, nuestro único y verdadero amigo, y al que debemos brindarle todo nuestro amor y tiempo es Jesús.

Para lograr ser amigos de Él, esa persona maravillosa que hizo una demostración de amor tan grande, debemos estudiar la Biblia.

Me encanta leer la Palabra de Dios, pero implica que deje de hacer otras cosas para dedicarme a ello. El ser cristiano es ser constante en la oración y la lectura de la Palabra, es estar en constante conocimiento de las cosas de Dios, es servir, es estar dispuesto, es… tantas cosas que podría mencionar y que sólo se aprenden meditando y escudriñando la Palabra.

Cuando tengas un problema, cuando parezca que todo se derrumba, recuerda que tu amigo Jesús está esperándote con los brazos abiertos para darte palabras de consuelo, amor paz y fortaleza.

Recuerda que Jesús dijo: "Al que a mi viene, no le echo fuera". (Juan 6:37). Tu amigo Jesús hoy está esperando tener un encuentro personal y significativo contigo. Él anhela fervientemente conocerte mejor y llamarte amigo.

Hace poco leí algo que ilustra mejor este concepto.

En cierta ocasión, un pintor de renombre organizó un importante evento para exhibir una de las que él decía era su mejor obra. El día de la presentación al público del precioso cuadro asistieron al evento fotógrafos, autoridades locales, periodistas, y mucha gente muy popular, pues se trataba de un pintor muy famoso y altamente reconocido por sus obras de arte. Cuando llegó el momento de inaugurar la obra todos los presentes contuvieron el aliento mientras el paño blanco que la cubría iba cayendo, de manera que todos pudieran admirar el cuadro. Por unos segundos se hizo absoluto silencio, y luego se escuchó un acalorado aplauso por parte de los asistentes.

El cuadro ilustraba una portentosa figura que representaba a Jesús junto a la puerta de una casa, tocando suavemente. Al ver esa pintura pareciera como que Jesús estaba vivo. Se lo veía con el oído junto a la puerta, como si quisiera escuchar si alguien le respondía desde adentro de la casa.

Mientras todos los presentes estaban admirando aquella admirable obra de arte, un caballero se acomodó sus gafas y miró nuevamente. El observador, muy curioso, se dio cuenta que había encontrado una falla en la obra de arte: La puerta no tenía cerradura, de modo que fue a comentárselo al artista: "¡La puerta que pintó en su cuadro no tiene cerradura! ¿Cómo espera que alguien la abra?" Al oír esto, y sin perder la calma, el pintor tomó su Biblia, buscó un pasaje y le pidió al curioso observador que lo leyera:

Era Apocalipsis 3.20, que dice: "He aquí, yo estoy a la puerta y llamo: si alguno oyere mi voz y abriere la puerta, entraré á él, y cenaré con él, y él conmigo."

"Tiene usted razón", le respondió el pintor. "Esta puerta que he pintado representa el corazón del hombre, por lo que sólo se abre por dentro."

Creo que es tiempo de abrir nuestro corazón a este Dios de amor que constantemente está buscándonos para tener una relación personal con nosotros.

El día de hoy, ¿le abrirás la puerta de tu corazón a Jesús?

3
Lo que hace la diferencia

La Biblia nos relata en 1 Samuel 15 cómo el rey Saúl desobedeció a Dios. En esa ocasión el profeta Samuel le dio un mensaje muy fuerte y directo de parte de Dios, le dijo:

"A Dios le agrada más que lo obedezcan, y no que le traigan ofrendas. Es mejor obedecerlo que ofrecerle los mejores animales. Rebelarse contra Dios es tan malo como consultar a brujos y a adivinos. No está bien adorar a dioses falsos, ni tampoco desobedecer a Dios. Como tú no quieres nada con él, Dios tampoco quiere nada contigo". 1 Samuel 15.22-23 (TLA)

Más adelante, la biblia dice que "Samuel jamás volvió a ver a Saúl, aunque siempre sintió por él una gran tristeza. Y también a Dios le causó pesar el haber puesto a Saúl como rey de Israel." 1 Samuel 15.35 (TLA)

La vida de Saúl fue hermosa hasta que se encontró maldad en él. Mientras él caía, ya el Señor estaba preparando s su sucesor.

A continuación, leamos 1 Samuel 16. 1-13.

"Dios le dijo a Samuel:

— ¿Hasta cuándo vas a estar triste por Saúl? Yo lo he rechazado, así que ya no será rey. Mejor ve a Belén, donde vive Jesé. Ya he elegido a uno de sus hijos para que sea rey de Israel. Lleva aceite contigo y derrámaselo en la cabeza como símbolo de mi elección.

2 Pero Samuel le dijo:

—Dios mío, si Saúl llega a saberlo, me va a matar. ¿Cómo se lo voy a ocultar?

Dios le dijo:

—Llévate una vaquita y dile que vas a presentarme una ofrenda. 3 Pídele a Jesé que te acompañe. Cuando yo te diga a cuál de sus hijos he elegido como rey, tú le pondrás aceite en la cabeza.

4 Y Samuel obedeció a Dios. Cuando llegó a Belén, los líderes del pueblo se preocuparon mucho y le dijeron:

— ¿A qué has venido? ¿Hay algún problema?

5 Samuel les contestó:

—Todo está bien. No pasa nada. Sólo vine a presentarle a Dios esta ofrenda. Prepárense y vengan conmigo al culto.

Samuel mismo preparó a Jesé y a sus hijos para que

pudieran acompañarlo en el culto.

6 Cuando llegaron, Samuel vio a Eliab y pensó: «Estoy seguro de que Dios ha elegido a este joven».

7 Pero Dios le dijo: «Samuel, no te fijes en su apariencia ni en su gran estatura. Éste no es mi elegido. Yo no me fijo en las apariencias; yo me fijo en el corazón».

8 Jesé llamó entonces a Abinadab, y se lo presentó a Samuel. Pero Samuel le dijo: «Tampoco a éste lo ha elegido Dios».

9 Luego Jesé llamó a Samá, pero Samuel le dijo: «Tampoco a éste lo ha elegido Dios».

10 Jesé le presentó a Samuel siete hijos suyos, pero Samuel le dijo que ninguno de ellos era el elegido de Dios. 11 Finalmente, le preguntó a Jesé:

—¿Ya no tienes más hijos?

Y Jesé le contestó:

—Tengo otro, que es el más joven. Está cuidando las ovejas.

Samuel le dijo:

—Manda a llamarlo, pues no podemos continuar hasta que él venga.

12 Jesé hizo llamar a David, que era un joven de piel morena, ojos brillantes y muy bien parecido. Entonces Dios le dijo a Samuel: «Levántate y échale aceite en la

cabeza, porque él es mi elegido».

13 Samuel tomó aceite y lo derramó sobre David, en presencia de sus hermanos. Después de eso, regresó a Ramá. En cuanto a David, desde ese día el espíritu de Dios lo llenó de poder."

No hay duda de que David era un joven diferente. Aunque el poder de Dios cayó sobre él cuando fue ungido, él volvió al campo y siguió pastoreando. No salió a gritarle a todo el pueblo: "¡Oigan, soy el nuevo ungido del Señor!" Seguramente en sus vigilias pasó momentos con el Señor y sabía lo que Él tenía para su vida. David decidió seguir con la actividad que tenía actualmente. No dijo "¡Gloria a Dios! Mi tiempo pastoreando ovejas se ha acabado, ya no voy a seguir con esos animales porque ahora seré rey". Esa no fue su actitud, sino que calladamente ocupó el puesto que tenía.

Todos conocemos cómo este pequeño pastorcito le hizo frente a un gigante de 3 metros y lo venció. Incluso el rey Saúl le prestó su armadura, David se la probó pero le dijo que no podía usarla pues no le quedaba y seguramente le incomodaba. Es muy claro que no es la estatura ni el porte lo que ganará la guerra, sino el poder de Dios en ti.

Luego de su batalla con Goliat la gente se fijó en David. Si realmente el poder de Dios y su unción habitan en ti no tienes que levantarte para gritar "¡Hey, mírenme!". Dios te levantará, pero en Su tiempo. Y muchas veces, la mayoría de las veces, el tiempo de Dios no es nuestro tiempo.

El Dios que llama sabe bien lo que hace: sostiene, confirma, viste, te da de comer. Es el poder de Dios lo que hace la diferencia.

Jamás olvides que la gloria es de Él y sólo de Él. No pierdas de vista al que te ha ungido. Sin la unción del Padre mi vida muere. Las personas ungidas como David lloran en presencia del Señor y no se paran ante Saúl para decirle "Ocuparé tu lugar porque Dios me levantó a mí". Esto es lo que hacen los ungidos:

David entonó un canto para expresar su tristeza por la muerte de Saúl y Jonatán, 18 y ordenó que ese canto se le enseñara a toda la gente de Judá. Ese canto aparece en el libro del Justo, y dice así:

19 «¡Pobre Israel!

¡Los valientes que eran tu orgullo

cayeron muertos en las montañas!

20 »¡No se lo digan a nadie en Gat,

ni lo cuenten por las calles de Ascalón!

¡Que no se alegren las ciudades filisteas,

ni haga fiesta esa gente idólatra!

21 »¡Que nunca más vuelva a llover

en los campos y colinas de Guilboa!

¡Fue allí donde se burlaron

de los escudos de los valientes!

¡Fue allí donde perdió su brillo

el escudo de Saúl!

22 »¡Tanto las flechas de Jonatán

como la espada de Saúl

siempre estaban empapadas de sangre!

¡Siempre se clavaban en la grasa

de sus enemigos más valientes!

23 »¡Saúl y Jonatán,

mis amigos más queridos!

¡Más rápidos que las águilas,

y más fuertes que los leones!

¡Juntos disfrutaron de la vida!

¡Juntos sufrieron la muerte!

24 »¡Mujeres de Israel, lloren por Saúl,

que las vestía con grandes lujos

y las cubría con adornos de oro!

25 »¿Cómo pudieron los valientes

perder la vida en la batalla?

¡Jonatán ha caído muerto

en lo alto de la montaña!

26 »¡Qué triste estoy por ti, Jonatán!

¡Yo te quería más que a un hermano!

¡Mi cariño por ti fue mayor

que mi amor por las mujeres!

27 »¿Cómo pudieron los valientes

perder la vida en la batalla?»

2 Samuel 1.17-27 (TLA)

Muy pocos, al referirse a los ungidos caídos, dicen como David: "¡Cómo han caído los valientes!" Otras personas dicen en cambio: "Yo sabía que esto iba a pasar, era muy débil, estaba en pecado, etc."

Pero David era diferente. Imagínate que Dios dijo de él lo siguiente: "He hallado a David hijo de Isaí, varón conforme a mi corazón, quien hará todo lo que yo quiero" Hechos 13.22 (RVR60)

Recordemos lo que Dios le dijo a Samuel cuando éste fue a ungirlo:

"Y Jehová respondió a Samuel: No mires a su parecer, ni a lo grande de su estatura, porque yo lo desecho; porque Jehová no mira lo que mira el hombre; pues el hombre mira lo que está delante de sus ojos, pero Jehová mira el corazón." 1 Samuel 16.7 (RVR60)

Nuestro corazón es muy importante: "Como en el agua el rostro corresponde al rostro, así el corazón del hombre al del hombre." Proverbios 27.19 (RVR60)

"Porque los ojos de Jehová contemplan toda la tierra, para mostrar su poder a favor de los que tienen corazón perfecto para con él." 2 Crónicas 16.9 (RVR60)

Otra versión dice: "El SEÑOR recorre con su mirada toda la tierra, y está listo para ayudar a quienes le son fieles." (NVI)

Dios está buscando hombre y mujeres fieles a Él, con un corazón dispuesto a obedecerle. Dios mira como un tesoro especial el corazón de aquel que se rinde sin reservas a Él.

¿Qué aprendemos de esta historia? ¿Qué podemos aprender de David y qué podemos poner en práctica en nuestra vida?

Veo muchas cosas:

1. Dios no elije según la fachada externa, sino según la condición de tu corazón. Es decir, nosotros como seres humanos podemos ver a un predicador de afuera y escuchar sus grandes sermones y perfecta elocuencia, pero tal vez Dios está mirando lo que nosotros no podemos ver, que en realidad está allí porque solamente está interesado en la ofrenda que va a recibir luego. El hombre ve lo que está delante de sus ojos, pero Dios mira lo invisible.

2. Procura entonces ser aprobado por Dios y no por los hombres. "Haz todo lo posible por ganarte la

aprobación de Dios. Así, Dios te aprobará como un trabajador que no tiene de qué avergonzarse, y que enseña correctamente el mensaje verdadero." 2 Timoteo 2. 15 (TLA)

3. Pon todas tus ganas, empeño y esfuerzo en las cosas que Dios mira. En cierta ocasión "Jesús estaba en el templo, y vio cómo algunos ricos ponían dinero en las cajas de las ofrendas. 2 También vio a una viuda que echó dos moneditas de muy poco valor. 3 Entonces Jesús dijo a sus discípulos:

—Les aseguro que esta viuda pobre dio más que todos los ricos. 4 Porque todos ellos dieron de lo que les sobraba; pero ella, que es tan pobre, dio todo lo que tenía para vivir." Lucas 21:1-4 (TLA)

Recuerda que Dios mira tu corazón, no tus acciones ni tu apariencia exterior. Siempre oro a Dios para que me ayude a ver lo que Él ve. Pídele a Dios que también puedas discernir lo que Él ve en las personas, y te aseguro que experimentarás el amor de Dios como nunca antes.

4. Dios no llama ni usa a los vagos. David era un buen trabajador, fiel con sus quehaceres y responsable: "Dios prefirió a David, que era su hombre de confianza, y lo quitó de cuidar ovejas para que cuidara a Israel, que es el pueblo de Dios. Y David fue un gobernante inteligente y sincero." Salmos 78:70-71 (TLA)

El que desea servir a Dios y no quiere responsabilidades no es apto para el servicio. Recuerda lo que Jesús dijo al respecto: "Al que cuida bien lo que vale poco, también se le puede confiar lo que vale mucho. Y el que es deshonesto con lo de poco valor, también lo será con lo de mucho valor. 11 Si a ustedes no se les puede confiar algo que vale tan poco, como el dinero ganado deshonestamente, ¿quién les confiará lo que sí es valioso? 12 Y si no se les puede confiar lo que es de otra persona, ¿quién les dará lo que será de ustedes?" Lucas 16.10-12 (TLA)

5. Acepta el tiempo de Dios. Ya vimos que cuando David fue ungido, volvió a dedicarse a las ovejas. Moisés también fue elegido por Dios y él intentó adelantar las cosas, lo que resultó en la muerte de un egipcio. Entre el llamado y el escogimiento de Dios hay un tiempo de prueba y preparación, lo que incluye experiencias que te convertirán en un verdadero hombre o mujer de Dios.

Recuerda que los tiempos de Dios no son los nuestros: "Sean humildes y acepten la autoridad de Dios, pues él es poderoso. Cuando llegue el momento oportuno, Dios los tratará como a gente importante". 1 Pedro 5.6 (TLA)

Dios anhela ver en ti el corazón de los que le agradan. Él desea elegirte para que puedas servirle. Dios nos elige para una tarea no por nuestras virtudes y talentos, sino por la predisposición de nuestro corazón. ¿Cómo se encuentra tu corazón hoy? ¿Deseas agradar a los hombres o a Dios?

4
Cómo te ve Dios

El apóstol Pablo, escribiendo a los romanos, dice: "Digo, pues, por la gracia que me es dada, a cada cual que está entre vosotros, que no tenga más alto concepto de sí que el que debe tener, sino que piense de sí con cordura, conforme a la medida de fe que Dios repartió a cada uno." Romanos 12.3 (RVR60)

La versión Traducción en Lenguaje Actual lo expresa de esta manera: "Dios en su bondad me nombró apóstol, y por eso les pido que no se crean mejores de lo que realmente son. Más bien, véanse ustedes mismos según la capacidad que Dios les ha dado como seguidores de Cristo."

Más adelante Pablo dice: "Vivan siempre en armonía. Y no sean orgullosos, sino traten como iguales a la gente humilde. No se crean más inteligentes que los demás." Romanos 12.16 (TLA)

A continuación me gustaría compartir algunos

principios de la Palabra de Dios para que tengas un concepto de ti mismo como Él quiere que lo tengas.

Según los pasajes que acabas de leer, la biblia dice que debemos pensar de nosotros con cordura, ni más ni menos. Muchos jóvenes hoy en día batallan con la autoestima.

Veo a muchachos y señoritas algunos pensando que no valen mucho y que no pueden hacer gran cosa, y otros por el contrario, pensando que son imprescindibles y que nada puede hacerse si ellos no están presentes.

Pero, ¿Qué dice la biblia en cuanto a nuestra persona? Ya vimos anteriormente que Dios ve nuestro corazón, pero ¿Cómo nos ve Dios como personas?

Para recibir libertad en cualquier área de tu vida siempre debes primero consultar el manual del Creador.

Recuerdo una vez que fui a un mayorista de muebles y compré uno de esos que vienen desarmados. Está completo, pero tienes que ponerte en tu casa a armarlo con paciencia. Así que esa tarde saqué todas las piezas de la caja y las puse en el suelo.

Comencé con las más grandes y luego con las más pequeñas. A la mitad de mi "obra maestra" me di cuenta que algo no estaba funcionando bien: ¡Había un lado más largo que otro! Claramente estaba poniendo piezas en lugares equivocados.

Recién en ese momento pensé en buscar el manual de usuario, aquel librito que contiene las instrucciones de armado y uso del mueble en cuestión.

Gracias a ese pequeño librito pude armar el mueble más rápido y no me sobró ninguna pieza en el intento.

A veces con nuestra vida somos así, en muchas áreas. En vez de consultar el manual de usuario que Dios nos ha dejado, preferimos hacer lo que nos parece correcto a nosotros, olvidándonos que Dios nos ha revelado su voluntad escrita en el libro más vendido de todos los tiempos: la Biblia.

Por eso el rey más sabio del mundo decía lo siguiente:

"Pon toda tu confianza en Dios y no en lo mucho que sabes. Toma en cuenta a Dios en todas tus acciones, y él te ayudará en todo. No te creas muy sabio; obedece a Dios y aléjate del mal; así te mantendrás sano y fuerte." Proverbios 3.5-8 (TLA)

Siempre que necesites dirección, en cualquier área de tu vida, recurre al manual del Creador: la Biblia.

Ahora bien, ¿qué piensa Dios de ti? El Dios todopoderoso Creador del universo piensa que eres muy especial:

"Cuando Dios creó este mundo, todo lo hizo hermoso. Además, nos dio la capacidad de entender que hay un pasado, un presente y un futuro. Sin embargo, no podemos comprender todo lo que Dios ha hecho." Eclesiastés 3.11 (TLA)

A Dios no le interesa crear basura ni elementos de poco valor. Tú eres hermoso porque eres hechura de Sus manos.

"Pero ustedes son miembros de la familia de Dios, son sacerdotes al servicio del Rey, y son su pueblo. Dios mismo los sacó de la oscuridad del pecado, y los hizo entrar en su luz maravillosa. Por eso, anuncien las maravillas que Dios ha hecho." 2 Pedro 2.9 (TLA)

Eres linaje escogido, y eso quiere decir que de todo lo que Dios puedo haber escogido, te escogió a ti.

"Ahora, pueblo de Israel,
Dios tu creador te dice:
"No tengas miedo.
Yo te he liberado;
te he llamado por tu nombre
y tú me perteneces.
2 Aunque tengas graves problemas,
yo siempre estaré contigo;
cruzarás ríos y no te ahogarás,
caminarás en el fuego y no te quemarás
3-4 porque yo soy tu Dios
y te pondré a salvo.
Yo soy el Dios santo de Israel.
"Israel, yo te amo;
tú vales mucho para mí.
Para salvarte la vida
y para que fueras mi pueblo,
tuve que pagar un alto precio.
Para poder llamarte mi pueblo,
entregué a naciones enteras,
como Sabá, Etiopía y Egipto.
5 "No tengas miedo;
yo siempre estaré contigo.

No importa dónde estés,
yo te llamaré
y te haré volver a tu tierra,
y volverás a ser mi pueblo.

Isaías 43:1-5 (TLA)

¿Hay algo más que se pueda agregar? ¡Creo que no! Por favor lee nuevamente los 5 versículos anteriores, tu Dios te está hablando.

"Desde antes de crear el mundo Dios nos eligió, por medio de Cristo, para que fuéramos sólo de él y viviéramos sin pecado. Dios nos amó tanto que decidió enviar a Jesucristo para adoptarnos como hijos suyos, pues así había pensado hacerlo desde un principio. Dios hizo todo eso para que lo alabemos por su grande y maravilloso amor. Gracias a su amor, nos dio la salvación por medio de su amado Hijo." Efesios 1.4-6 (TLA)

Eres acepto para el amado, pues Él mismo te adoptó como hijo, recuerda lo que dijo Jesús: "Ustedes no fueron los que me eligieron a mí, sino que fui yo quien los eligió a ustedes." Juan 15.16 (TLA)

Hay tantas otras verdades sobre ti en la Biblia que sería imposible enumerarlas todas. Hasta el salmista se dio cuenta de lo maravilloso de la creación de Dios cuando declaró:

"Dios mío,
tú fuiste quien me formó
en el vientre de mi madre.
Tú fuiste quien formó

cada parte de mi cuerpo.
14 Soy una creación maravillosa,
y por eso te doy gracias.
Todo lo que haces es maravilloso,
¡de eso estoy bien seguro!
15-16 Tú viste cuando mi cuerpo
fue cobrando forma
en las profundidades de la tierra;
¡aún no había vivido un solo día,
cuando tú ya habías decidido
cuánto tiempo viviría!"

Salmos 139:13-16 (TLA)

Cuando cruces el desierto de la prueba o cuando venga la tempestad y Satanás te ponga esta pregunta en tu mente: "¿Qué hice yo para merecer esto?", recuerda que Dios te acepta tal cual eres.

No puedes hacer algo o dejar de hacerlo para que Dios te ame más. Él te ama así como eres hoy. Él te amó con amor eterno, Él te ama en este momento y te abraza a medida que lees esto para hacerte recordar que Él te amará por toda la eternidad.

Cuando venga el momento de prueba siempre tienes que recordar que a pesar de todo, Él te acepta. Ya no pienses como los demás ni mucho menos como Satanás cuando venga con sus mentiras, comienza a pensar como Dios piensa de ti. Él tiene preparado algo muy especial para tu vida. ¿Cómo lo sé? Porque lo acabamos de leer en Su palabra.

Hemos leído cómo piensa Dios de nosotros y

sabemos que Él tiene un plan divino para nuestras vidas acorde a su voluntad, la cual es "buena, agradable y perfecta." (Romanos 12:2)

En este día Dios te dice:"'Porque yo sé los pensamientos que tengo acerca de vosotros, dice Jehová, pensamientos de paz, y no de mal, para daros el fin que esperáis." Jeremías 29:11 (RVR60)

No dejes que el diablo te robe lo que Él te dio ni permitas que se te olvide lo que has leído.

Al principio vimos que hay dos clases de personas: los que piensan de más (orgullosos) y los que piensan de menos (sin autoestima) sobre ellos mismos.

Mira lo que dice Isaías 64.8: "Ahora pues, Jehová, tú eres nuestro padre; nosotros barro, y tú el que nos formaste; así que obra de tus manos somos todos nosotros."

El barro tiene imperfecciones. Para verte como Dios te ve necesitas mirarte a ti mismo no de acuerdo a tu barro exterior, sino interiormente, pues Dios mira el corazón.

Mira lo que Dios le enseñó al profeta Jeremías: "Dios me dijo: «Jeremías, ve al taller del alfarero. Allí voy a darte un mensaje». Yo fui y me encontré al alfarero haciendo en el torno vasijas de barro. Cada vez que una vasija se le dañaba, volvía a hacer otra, hasta que la nueva vasija quedaba como él quería. Allí Dios me dio este mensaje para los israelitas: «Ustedes están en mis manos. Yo puedo hacer con ustedes lo mismo que este alfarero hace con el barro»." Jeremías 18.1-6 (TLA)

Somos como vasijas en manos del alfarero. ¿Qué significa esto? Que Dios no ha terminado contigo todavía. Él está trabajando en ti, moldeando tu carácter, formando tu vida a Su imagen. Dios desea hacer de ti una hermosa vasija, pero sé paciente, dale oportunidad para que Él termine su obra en tu interior.

"Cuando Dios nos dio la buena noticia, puso, por así decirlo, un tesoro en una frágil vasija de barro. Así, cuando anunciamos la buena noticia, la gente sabe que el poder de ese mensaje viene de Dios y no de nosotros, que somos tan frágiles como el barro." 2 Corintios 4:7 (TLA)

El barro, es decir, tu exterior, no es perfecto, pero el tesoro dentro del barro es precioso.

5
Cómo ser un guerrero de Dios

"En los días en que David tuvo que huir de Saúl hijo de Quis, un grupo de soldados valientes se le unió en Siclag para ayudarlo en las batallas. Estos soldados eran capaces de disparar piedras y flechas con cualquiera de las dos manos.

Hubo algunos hombres que se unieron a David cuando se refugió en una fortaleza del desierto. Eran soldados valientes, entrenados para la guerra, y que usaban muy bien el escudo y la lanza. Peleaban como leones y corrían como venados. Todos eran jefes del ejército; unos eran jefes de cien, y otros de mil." 1 Crónicas 12. 1-2 y 8 (TLA)

"Estos ayudaron a David contra la banda de merodeadores, pues todos ellos eran hombres valientes, y fueron capitanes en el ejército. Porque entonces todos los días venía ayuda a David, hasta hacerse un gran ejército, como ejército de Dios.

Y este es el número de los principales que estaban listos para la guerra, y vinieron a David en Hebrón para traspasarle el reino de Saúl, conforme a la palabra de Jehová: De los hijos de Judá que traían escudo y lanza, seis mil ochocientos, listos para la guerra. De los hijos de Simeón, siete mil cien hombres, valientes y esforzados para la guerra.

De los hijos de Isacar, doscientos principales, entendidos en los tiempos, y que sabían lo que Israel debía hacer, cuyo dicho seguían todos sus hermanos."

"De Zabulón cincuenta mil, que salían a campaña prontos para la guerra, con toda clase de armas de guerra, dispuestos a pelear sin doblez de corazón.

34 De Neftalí, mil capitanes, y con ellos treinta y siete mil con escudo y lanza.

35 De los de Dan, dispuestos a pelear, veintiocho mil seiscientos.

36 De Aser, dispuestos para la guerra y preparados para pelear, cuarenta mil.

37 Y del otro lado del Jordán, de los rubenitas y gaditas y de la media tribu de Manasés, ciento veinte mil con toda clase de armas de guerra.

38 Todos estos hombres de guerra, dispuestos para guerrear, vinieron con corazón perfecto a Hebrón, para poner a David por rey sobre todo Israel; asimismo todos los demás de Israel estaban de un mismo ánimo para poner a David por rey." 1 Crónicas 12.21-25,32-38 (RVR60)

Vimos antes algunas características de David como joven pastor. En los versículos anteriores se nos describe cómo eran los hombres que seguían a David cuando éste huía del rey Saúl, quien lo estaba persiguiendo para matarlo.

En una ocasión "algunos de los hijos de Benjamín y de Judá vinieron a David al lugar fuerte. Y David salió a ellos, y les habló diciendo: Si habéis venido a mí para paz y para ayudarme, mi corazón será unido con vosotros; mas si es para entregarme a mis enemigos, sin haber iniquidad en mis manos, véalo el Dios de nuestros padres, y lo demande. Entonces el Espíritu vino sobre Amasai, jefe de los treinta, y dijo: Por ti, oh David, y contigo, oh hijo de Isaí. Paz, paz contigo, y paz con tus ayudadores, pues también tu Dios te ayuda. Y David los recibió, y los puso entre los capitanes de la tropa." 1 Crónicas 12.16-18 (RVR60)

Siempre que haya un siervo de Dios se levantarán hombres y mujeres que lo apoyen en su visión. Dios está levantando hoy a sus hijos para apoyar a aquellos líderes que cambiarán el mundo.

David representa a Cristo, y este ejército estaba dispuesto a que Jesucristo fuera rey. Toda esta gente reconocía que David era el ungido por Dios para ser rey de Israel.

El requisito para ser miembro del ejército de Dios es el corazón entregado a Él, no el profesionalismo ni el talento. Si tu corazón no está de acuerdo con el de Dios entonces no tendrás parte en las cosas que Él está haciendo hoy.

Otras de las características de estos hombres es que estaban entrenados para la batalla. Hemos leído al principio que "eran capaces de disparar piedras y flechas con cualquiera de las dos manos", y eso se logra sólo con la práctica.

Creo que solo hay una forma de militar en esta vida y es de acuerdo a la Palabra de Dios. Es tiempo de no perder el tiempo.

Muchos de nosotros estamos en Cristo pero Cristo está en muy pocos de nosotros: Sabemos muy poco de él, no conocemos Su opinión sobre temas importantes. El leer y meditar Su palabra diariamente te lleva a conocerlo cada día más. Es la condición de tu corazón la que produce una fe agresiva: la fe que produce resultados positivos para el reino de Dios.

Al leer la biblia todos los días podrás conocer a Dios en todas sus facetas, y una de ellas es que Él es varón de guerra y nunca pierde una de sus batallas.

David era conforme al corazón de Dios. Él pensaba lo que Dios pensaba. La fe sólo funciona si hay un obstáculo delante de ti, al igual que la valentía surge desde adentro sólo cuando hay temor.

El versículo 8 dice que estos soldados "usaban muy bien el escudo y la lanza". ¿Qué representa el escudo? Efesios 6.16 dice: "tomad el escudo de la fe, con que podáis apagar todos los dardos de fuego del maligno."

Si te vas a alistar al ejército de Dios es necesario que sepas usar tu fe, y que también uses con gran destreza la espada del Señor, que es la Palabra de Dios.

Este ejército se formaba progresivamente, día a día: "Porque entonces todos los días venía ayuda a David, hasta hacerse un gran ejército, como ejército de Dios."

Muchos de ellos eran "*entendidos en los tiempos, y sabían lo que Israel debía hacer*". Esta clase de persona está ligada al Espíritu Santo y conoce lo que Dios está haciendo. Seguramente estos soldados sabían hacer muy buenos planes de guerra.

El versículo 33 dice que estaban "dispuestos a pelear sin doblez de corazón." Tenían un mismo pensar, un corazón que palpita por Dios. Es muy importante la unidad de un grupo que desea alcanzar cualquier objetivo. Si hay peleas internas y divisiones, ese grupo no permanecerá, por eso Jesús oró, en Juan 17: "Te pido que se mantengan unidos entre ellos, y que así como tú y yo estamos unidos, también ellos se mantengan unidos a nosotros. Así la gente de este mundo creerá que tú me enviaste." Juan 17:21 (TLA)

Dios te ha elegido para que formes parte de su ejército y te necesita para que afectes poderosamente la vida de los demás con Su Palabra. Te animo a que te prepares para el día que tengas que salir a la batalla.

Fortalece tu fe con Su palabra: Léela todos los días para saber qué piensa Dios.

Inunda tu vida del amor de Dios: pasa tiempo a solas con Él en Su presencia, conociendo y disfrutando Su amor, pídele que te permita ver a los demás como Él los ve.

Practica tu talento: pon en práctica aquel talento o

don que Dios te ha regalado. Por medio de esa habilidad que Dios te ha regalado muchas personas conocerán al Señor y tendrán un encuentro real y verdadero con Él.

Recuerda que tu fe es para invadir el terreno enemigo y conquistar.

6
La grandeza de nuestro Dios

Empecemos este capítulo leyendo una porción del libro de Isaías, en el capítulo 40:

"Nuestro santo Dios afirma: "Con nadie me pueden comparar. Nadie puede igualarse a mí"». Isaías dijo: «Levanten los ojos al cielo: ¿quién ha creado todo esto? Dios hace que salgan las estrellas; las llama por su nombre y las ordena una por una. ¡Es tan grande su poder que nunca falta una estrella!» Pueblo de Israel, ¿por qué te quejas? ¿Por qué crees que Dios no se preocupa por ti? Tú debes saber que Dios no se cansa como nosotros; debes saber que su inteligencia es más de lo que imaginamos. Y debes saber que su poder ha creado todo lo que existe. Dios les da nuevas fuerzas a los débiles y cansados. Los jóvenes se cansan por más fuertes que sean, pero los que confían en Dios siempre tendrán nuevas fuerzas. Podrán volar como las águilas, podrán caminar sin cansarse y correr sin fatigarse»." Isaías 40:25-31 (TLA)

Como seres humanos que somos tenemos un problema muy grande: reducimos a Dios. No nos entra en la cabeza Su grandeza ni la magnitud de Su poder.

Creemos que Dios está limitado y que es semejante al recurso propio al que yo puedo apelar. Incluso muchas veces tratamos a Dios como al niño de los mandados: "Necesito esto ahora, bendice aquí, prospérame acá, etc."

Cuando llegan las circunstancias difíciles, en vez de alabar a Dios miramos nuestro problema y sentimos que Dios no es capaz de rescatarnos. Disminuimos su inigualable poder.

Creo que por eso Dios le recordaba constantemente a Su pueblo quién era Él:

"Dios puede medir el océano con la palma de su mano. Puede calcular con los dedos toda la extensión del cielo. Dios es capaz de recoger todo el polvo de la tierra, y de pesar en una balanza los cerros y las montañas." Isaías 40.12 (TLA)

El rey David conocía muy bien la grandeza de Dios y lo expresaba de esta forma:

"¡Jamás podría yo alejarme de tu espíritu, o pretender huir de ti! Si pudiera yo subir al cielo, allí te encontraría; si bajara a lo profundo de la tierra, también allí te encontraría. Si volara yo hacia el este, tu mano derecha me guiaría; si me quedara a vivir en el oeste, también allí me darías tu ayuda." Salmos 139.7-10 (TLA)

El Creador contiene al mundo, pero el mundo no

contiene al Creador. Dios no está solamente cerca de todos y de todo, Él está en todos y en todo, como lo dijo Pablo: "Porque en él vivimos, y nos movemos, y somos" Hechos 17.28 (RVR60)

Quiero recordarte varias cosas acerca de Dios para que tengas presente en tus tiempos de duda y temor.

Dios es grande en Su creación

"¡Oh Señor Jehová! he aquí que tú hiciste el cielo y la tierra con tu gran poder, y con tu brazo extendido, ni hay nada que sea difícil para ti… Yo soy el Dios de Israel y de todo el mundo. No hay absolutamente nada que yo no pueda hacer." Jeremías 32.17,27 (RVR60,TLA)

Él está en control: "Dios es quien decide cuántas estrellas debe haber, y a todas las conoce. Grande es nuestro Dios, y grande es su poder; ¡su entendimiento no tiene fin!" Salmos 147:4-5 (TLA)

Dios es grande en la protección

"Dios mismo les dirá a sus ángeles que nos cuiden por todas partes. Los ángeles nos llevarán en brazos para que no tropecemos con nada" Salmos 91.11-12 (TLA)

"Viene cuidando a su pueblo, como cuida un pastor a su rebaño: lleva en brazos a los corderos y guía con cuidado a las ovejas que acaban de tener su cría". Isaías 40.11 (TLA)

Dios es grande en la provisión

"Ni antes cuando era joven, ni ahora que ya soy viejo, he visto jamás gente honrada viviendo en la miseria, ni tampoco que sus hijos anden pidiendo pan." Salmos 37.25 (TLA)

"Ustedes saben que nuestro Señor Jesucristo era rico, pero tanto los amó a ustedes que vino al mundo y se hizo pobre, para que con su pobreza ustedes llegaran a ser ricos." 2 Corintios 8:9 (TLA)

Por ser Dios tan grande somos más ricos de lo que pensamos, y por ser ricos podemos hacer grandes cosas para Su reino.

En el versículo 27 del capítulo 40 de Isaías, Dios le habla a Su pueblo diciendo: "Pueblo de Israel, ¿por qué te quejas? ¿Por qué crees que Dios no se preocupa por ti?" Muchas veces pensamos: "El Señor se olvidó de mi, ya no me defiende, no se da cuenta de mi situación". Pero en realidad Dios te dice: "Podrán abandonarte todos los que te aman, pero yo siempre estaré contigo". Por eso el salmista declaraba: "Aunque mi padre y mi madre me dejaran, con todo, Jehová me recogerá." Salmos 27.10 (RVR60)

Tenemos una decisión por delante cuando nos enfrentamos a circunstancias difíciles. ¿Qué sale de nuestros labios cuando nuestra fe es probada? ¿Hablamos la palabra de Dios en fe o confesamos lo que vemos con incredulidad?

¿Cuál es tu actitud ante los problemas de la vida? ¿Confianza o desesperación? ¿Cómo reaccionas la mayoría de las veces? ¿Como un verdadero creyente o como un incrédulo?

A medida que lees estas preguntas examina tu interior y pídele al Espíritu Santo que te indique cuáles son tus reacciones como cristiano. Pídele que te muestre qué debes cambiar y ora para que te fortalezca en esas áreas débiles.

Si te pones a hablar el idioma que se está hablando afuera estás traicionando a esos hermanos que están orando por ti para que salgas adelante.

El pueblo de Dios no depende de un presidente, ni de la economía, ni del papa ni de nadie en esta tierra. El pueblo de Dios depende del Señor Todopoderoso, Creador de los cielos y la tierra. Si el Señor es tu pastor, déjate guiar por Él.

No es pecado decirle a Dios: "Yo no puedo, no doy más, se me terminaron las fuerzas, es mucha la guerra y la lucha". Reconoce que eres débil, pues al hacerlo Él te fortalecerá con su poder.

Dios te ha prometido que Él "les da nuevas fuerzas a los débiles y cansados." (Isaías 40.29). Si te sientes cansado en este día, tómate un momento para estar con Él, y Dios renovará las fuerzas en tu interior y te dará vigor.

A continuación me gustaría que veamos un ejemplo práctico de alguien que en medio del valle de sombra de muerte decidió engrandecer a Dios. David escribe el salmo que leemos a continuación cuando él ya era Rey, sólo que tuvo que huir de su reinado porque adivina quién se levantó contra él: su propio hijo, Absalón. En total rebeldía, Absalón, junto a un ejército de hombres armados, sale en busca de su padre para matarlo. En medio de esa situación, David escribe:

"¡Oh Jehová, cuánto se han multiplicado mis adversarios!

Muchos son los que se levantan contra mí.

2 Muchos son los que dicen de mí:

No hay para él salvación en Dios.

3 Mas tú, Jehová, eres escudo alrededor de mí;

Mi gloria, y el que levanta mi cabeza.

4 Con mi voz clamé a Jehová,

Y él me respondió desde su monte santo.

5 Yo me acosté y dormí,

Y desperté, porque Jehová me sustentaba.

6 No temeré a diez millares de gente,

Que pusieren sitio contra mí.

7 Levántate, Jehová; sálvame, Dios mío;

Porque tú heriste a todos mis enemigos en la mejilla;

Los dientes de los perversos quebrantaste.

8 La salvación es de Jehová;

Sobre tu pueblo sea tu bendición." Salmos 3 (RVR60)

En medio de su aflicción David tiene tiempo para engrandecer a Dios. Fíjate cómo David se dirige a Dios: le cuenta su problema. Le comenta lo que dicen otras personas acerca de él y de Su Dios. Pero me encanta el versículo 3, que empieza con un "más tú, Jehová..." Como si David dijera: "escucho todo lo que dicen los demás y sé lo que está pasando, PERO Tú...".

Fíjate que a partir del versículo 3 David desvía la mirada de su problema y la enfoca en Dios. A partir de aquí declara lo que Dios es para su vida y en fe proclama lo que Él está haciendo. Los versículos 4 y 5 RECUERDAN lo que Dios ya hizo en su vida, en el 6 David se para firme en fe y declara que no va a tener miedo, para luego pedir específicamente a Dios que muestre su poder. Finalmente termina con alabanza, declarando que sólo Él puede salvarlo.

De acuerdo a cómo veas a Dios vas a vivir fortalecido o desalentado.

¿Qué sucede cuando magnificas y engrandeces a Dios? Tu enemigo comienza a disminuir de tamaño, tus problemas comienzan a empequeñecerse, y empiezas a visualizar tu victoria.

Te animo el día de hoy a que engrandezcas a Dios con una buena alabanza.

"Bendeciré a Jehová en todo tiempo; Su alabanza estará de continuo en mi boca. En Jehová se gloriará mi alma; Lo oirán los mansos, y se alegrarán. Engrandeced a Jehová conmigo, Y exaltemos a una su nombre." Salmos 34:1-3 (RVR60)

"Dios tiene poder para hacer mucho más de lo que le pedimos. ¡Ni siquiera podemos imaginar lo que Dios puede hacer para ayudarnos con su poder! Todos los que pertenecemos a la iglesia de Cristo, debemos alabarlo por siempre. Amén." Efesios 3.20 (TLA)

7
La verdadera adoración a Dios

"Sobre toda cosa guardada, guarda tu corazón; Porque de él mana la vida." Proverbios 4:23 (RVR1960)

"Pero Dios le dijo: «Samuel, no te fijes en su apariencia ni en su gran estatura. Éste no es mi elegido. Yo no me fijo en las apariencias; yo me fijo en el corazón»" 1 Samuel 16.7 (TLA)

La fuente de la adoración es el corazón del hombre. La adoración no fluye afuera si no que empieza adentro. La verdadera adoración no es el sonido de la música, sino el sonido del corazón.

El versículo bíblico no dice: "amarás al Señor con todos tus dedos", sino que dice "Amarás al Señor tu Dios con todo tu corazón, y con toda tu alma, y con toda tu mente." Mateo 22.37 (RVR60)

¿Por qué Dios se fija en nuestro corazón? Porque el verdadero yo se encuentra en nuestro interior, no en el exterior, y porque lo interior se manifiesta en lo exterior.

Si hablamos de adoración también tenemos que hablar de alabanza, ya que estas dos van de la mano. Sin embargo son diferentes. Veamos entonces brevemente la diferencia entre alabanza y adoración.

Alabanza es la puerta que nos mete en su presencia. La adoración es cuando ya estamos dentro y podemos estar tan cerca de Jesús que podemos recostarnos en su pecho.

Recuerda que Jesús es descendiente de la tribu de Judá. La palabra Judá en hebreo es "Yaddah", que significa alabanza. Las raíces del Señor Jesucristo provienen de la alabanza.

Alabar es recordar lo que Dios ha hecho por su Pueblo. Alabamos las obras de Dios, sus maravillas, todo lo que Él ha hecho.

Generalmente son actos o canciones que hablan ACERCA de Dios y no le hablan directamente A EL. Es como un testimonio, y justamente, alabar significa "hablar bien de". Es decir, le contamos a otros (y a la vez nos recordamos a nosotros mismos) quién es Dios y lo que Él ha hecho por Su pueblo.

Cuando le alabamos, Él está presente: "Pero tú eres santo, Tú que habitas entre las alabanzas de Israel." Salmos 22.3 (RVR60). Y también Jesús dijo: "Porque donde están dos o tres congregados en mi nombre, allí estoy yo en medio de ellos." Mateo 18.20 (RVR60)

La adoración en cambio, tiene una connotación más

íntima. Entramos a la presencia de Dios con alabanza, pero cuando ya estamos en Su presencia le adoramos. La palabra que se usa para adoración en el Antiguo Testamento es postrarse, arrodillarse. En cambio, la palabra usada para adoración en el Nuevo Testamento viene del griego "proskuneo", que significa "dar un beso". La adoración es un diálogo entre un Padre y Su hijo. Si en la alabanza hablamos de lo que Dios ha hecho, en la adoración expresamos lo que Él es y significa para nosotros.

También le decimos lo que sentimos, le adoramos por lo que Él es. Podemos alabar a la distancia, pero para adorar debemos acercarnos. Gracias a Jesús, quien murió, resucitó, triunfó sobre Satanás, subió al cielo y se sentó a la diestra de Dios Padre, en este momento tenemos acceso directo a la misma presencia de Dios, lo que quedó en claro cuando el velo del templo se rompió.

Hoy en día podemos verle cara a cara y hasta darle un beso, es decir, estar muy cerquita de Él.

Tú y yo hemos sido creados para adorar. Te sentirás frustrado en esta vida si adoras cosas por las cuales no fuiste creado para hacerlo. En este mundo todos adoran. Puede que adoren el dinero, a sí mismos, a un quipo de futbol local, etc. Hay muchas cosas que hoy en día la gente adora, siendo la mayoría de esas cosas materiales. Y la razón de ello es porque no han encontrado a Dios. Cuando no encuentras a Dios es más fácil que adores cualquier otra cosa.

La adoración nace en el corazón y luego puede ser expresada en el cuerpo como así también en el instrumento musical. La verdadera adoración es tener intimidad con Dios y adorarlo por lo que Él es, no por lo que hace.

Por otro lado, la adoración es un estilo de vida. Es estar conscientes de Su presencia en todo momento y hacer partícipe a Dios en todas las áreas y actividades de nuestra vida.

"Dios es espíritu, y los que lo adoran, para que lo adoren como se debe, tienen que ser guiados por el Espíritu. Se acerca el tiempo en que los que adoran a Dios el Padre lo harán como se debe, guiados por el Espíritu, porque así es como el Padre quiere ser adorado. ¡Y ese tiempo ya ha llegado!" Juan 4.23-24 (TLA)

¿Cómo podemos llegar a ser el adorador que Dios quiere que seamos? Veamos cómo lograrlo según la Biblia:

1. Preséntate como ofrenda delante de Dios. No se trata de entregarle al Señor nuestros dones, talentos, actitudes ni instrumentos, sino nuestra vida entera.

"Por eso, hermanos míos, ya que Dios es tan bueno con ustedes, les ruego que dediquen toda su vida a servirle y a hacer todo lo que a él le agrada. Así es como se le debe adorar." Romanos 12.1 (TLA)

2. Agradécele SIEMPRE.

"Nuestra ofrenda a Dios es darle gracias siempre, por medio de Jesucristo, pues hemos dicho que él es nuestro Señor." Hebreos 13:15 (TLA)

3. Adórale en todo momento, no sólo con tu corazón sino con tus labios

"Den gracias a Dios en cualquier circunstancia. Esto es lo que Dios espera de ustedes, como cristianos que son."
1 Tesalonicenses 5.18 (TLA)

"Aunque no den higos las higueras,

ni den uvas las viñas

ni aceitunas los olivos;

aunque no haya en nuestros campos

nada que cosechar;

aunque no tengamos vacas ni ovejas,

18 siempre te alabaré con alegría

porque tú eres mi salvador." Habacuc 3.17-18 (TLA)

"Pero yo cantaré de tu poder,

Y alabaré de mañana tu misericordia;

Porque has sido mi amparo

Y refugio en el día de mi angustia.

17 Fortaleza mía, a ti cantaré;

Porque eres, oh Dios, mi refugio, el Dios de mi misericordia." Salmos 59.16-17 (RVR60)

"Bendeciré a Jehová en todo tiempo;

Su alabanza estará de continuo en mi boca." Salmos 34.1 (RVR60)

4. Adórale en tu interior pero que se refleje también en tu exterior. La adoración es acción.

"Amarás al Señor tu Dios con todo tu corazón, y con toda tu alma, y con todas tus fuerzas, y con toda tu mente; y a tu prójimo como a ti mismo." Lucas 10.27 (RVR60)

5. Vive para Cristo

"Así que, si Cristo murió por nosotros, ya no debemos vivir más para nosotros mismos, sino para Cristo, que murió y resucitó para darnos vida." 2 Corintios 5.9 (RVR60)

6. Desarrolla actitudes que aumenten tu pasión por estar con Él.

"En su viaje hacia Jerusalén, Jesús y sus discípulos pasaron por un pueblo. Allí, una mujer llamada Marta recibió a Jesús en su casa. En la casa también estaba María, que era hermana de Marta. María se sentó junto a Jesús para escuchar atentamente lo que él decía. Marta, en cambio, estaba ocupada en preparar la comida y en los quehaceres de la casa. Por eso, se acercó a Jesús y le dijo:

—Señor, ¿no te importa que mi hermana me deje sola, haciendo todo el trabajo de la casa? Dile que me ayude.

Pero Jesús le contestó:

—Marta, Marta, ¿por qué te preocupas por tantas cosas? Hay algo más importante. María lo ha elegido, y nadie se lo va a quitar." Lucas 10.38-42 (TLA)

María supo elegir lo más importante. Sabía que la intimidad con Dios es más trascendental que el trabajo. Ella estaba cerca de Jesús, probablemente arrodillada a Sus pies oyendo de cerca lo que Él decía. Había una relación en ese momento: María escuchaba a Jesús y Él escuchaba a María.

7. Recuerda que Dios te ha escogido para publicar Su alabanza.

"Pero ustedes son miembros de la familia de Dios, son sacerdotes al servicio del Rey, y son su pueblo. Dios mismo los sacó de la oscuridad del pecado, y los hizo entrar en su luz maravillosa. Por eso, anuncien las maravillas que Dios ha hecho. Antes, ustedes no eran nada, pero ahora son el pueblo de Dios. Antes, Dios no les tenía compasión, pero ahora los ama mucho." 1 Pedro 2.9-10 (TLA)

En realidad no hay una definición exacta para la adoración, pero podemos decir muchas cosas.

La adoración es DAR a Dios. Le entregamos nuestro

tiempo y energía.

La adoración es PROCLAMAR quién es Él, declarar sus atributos y le glorificamos.

La adoración también es una ACTITUD del corazón. Es más una actitud interna que una acción externa, aun así, la adoración es amor derramado por Dios en nuestros corazones que se expresa indefectiblemente al exterior.

Ora y pídele al Señor que renueve tu amor por Él y que cada día te enseñe cómo amarle más y adorarlo correctamente.

8
Cómo vencer la tentación

A continuación veremos un tema de suma importancia para todo creyente. Analicemos primero qué es la tentación. En su uso bíblico no sólo significa "inducir a pecar", sino también "someter a prueba" a una persona.

Es muy importante saber qué es la tentación, ya que debemos tener algo muy en cuenta: no debemos confundir la tentación con el pecado. El mejor ejemplo está en Mateo 4.1-11, donde Jesús es tentado por Satanás.

Si bien fue puesta a prueba la perfección de su persona, Él no pecó. Es decir, la sugerencia del mal no se convierte en pecado si no se acepta. Cristo usó exclusivamente la Palabra de Dios para tratar con Satanás. Cada vez que el diablo le hacía una sugerencia capciosa, Jesús contestaba: "Escrito está".

Luego de que Jesús le hubiese dicho "Al Señor tu Dios

adorarás y a Él sólo servirás" vemos que luego dice: "el diablo entonces le dejó" (Mateo 4.10-11).

Esto nos demuestra que hay una respuesta bíblica para cada insinuación que haga Satanás. Por esta razón es muy importante que dediquemos tiempo para estudiar la biblia y estar preparados para el tiempo de prueba.

No en vano nos aconseja el apóstol Pablo: "Por tanto, tomad toda la armadura de Dios, para que podáis resistir en el día malo, y habiendo acabado todo, estar firmes." Efesios 6:13 (RVR1960)

Y luego Pedro dice: "Queridos amigos, con esto quedan advertidos. Así que cuídense mucho, no sea que los engañe la gente malvada y ustedes dejen de creer firmemente en Dios." 2 Pedro 3:17 (TLA)

Ahora bien, ¿Por qué viene la tentación? He aquí la respuesta: Porque nuestra fe debe ser probada por Dios. Si bien Dios está en los cielos, "Sus ojos ven, sus párpados examinan a los hijos de los hombres." Y luego dice: "Jehová prueba al justo" Salmos 11.4-5 (RVR60)

"Por esta razón están ustedes llenos de alegría, aun cuando sea necesario que durante un poco de tiempo pasen por muchas pruebas. Porque la fe de ustedes es como el oro: su calidad debe ser probada por medio del fuego. La fe que resiste la prueba vale mucho más que el oro, el cual se puede destruir. De manera que la fe de ustedes, al ser así probada, merecerá aprobación, gloria y honor cuando Jesucristo aparezca." 1 Pedro 1.6-7 (DHH)

Dicho de otra forma, la calidad de nuestra fe debe ser

puesta a prueba. ¿Con qué propósito? En primer lugar, para que podamos crecer como personas. Ningún cristiano puede avanzar en la vida sin que su fe sea probada. El oro debe ser moldeado y a la misma vez limpiado de toda impureza e imperfección.

Segundo, para experimentar la victoria de Cristo en nosotros. De esta manera el corazón de Dios puede sentirse satisfecho. Si vencemos la tentación es porque Dios se hace fuerte en nosotros. Cuando vengan las tentaciones, Dios mismo te mostrará cómo vencerlas y así podrás resistir. Sólo si nuestra fe es probada "merecerá aprobación, gloria y honor cuando Jesucristo aparezca",

En tercer lugar, es necesario que seamos probados para que la boca de Satanás se cierre. El diablo ya no podrá esgrimir argumentos contra ti cuando vea que eres fiel cada vez que enfrentas la tentación. Aun en su momento más difícil, Job pudo decir: "mas él conoce mi camino; me probará, y saldré como oro" (Job 23:10).

Y cuarto pero no menos importante, Dios permite que nuestra fe sea probada para que podamos ayudar a otras personas. "Él nos consuela en todos nuestros sufrimientos, para que nosotros podamos consolar también a los que sufren, dándoles el mismo consuelo que él nos ha dado a nosotros." 2 Corintios 1.4 (DHH)

Algo fundamental en la vida de todo cristiano es aprender a reconocer la tentación:

"Dichoso el hombre que soporta la prueba con fortaleza, porque al salir aprobado recibirá como premio la vida, que es la corona que Dios ha prometido a los que lo aman. Cuando alguno se sienta tentado a hacer lo malo, no piense que es tentado por Dios, porque Dios ni siente la tentación de hacer lo malo, ni tienta a nadie para que lo haga. Al contrario, uno es tentado por sus propios malos deseos, que lo atraen y lo seducen. De estos malos deseos nace el pecado; y del pecado, cuando llega a su completo desarrollo, nace la muerte." Santiago 1.13-15 (DHH)

Como seres humanos, todos tenemos deseos, ya sean buenos (como por ejemplo comer, vestirse, el tener compañerismo, diversión, etc.) o malos (mentir, engañar, venganza, robar, etc.)

Algo fácil de reconocer son los malos deseos, pues éstos nos conducirán inevitablemente a hacer cosas malas. Sin embargo, no es tan fácil identificar las tentaciones cuando se basan en buenos y legítimos deseos, ya que Satanás desea tomar todo lo bueno que hay en nuestras vidas y prostituirlo para sus fines de perdición.

Algo que nos puede llegar a ser de mucha utilidad cuando nuestra fe sea puesta a prueba son estas simples preguntas:

¿Será para la gloria de Dios?

¿Puedo hacer esto en el nombre de Jesús y ofrecer luego una oración de acción de gracias?

¿Me va a ocupar simplemente en "actividades" o me ayudará a pasar más tiempo a los pies de Cristo?

¿Edifica mi vida cristiana o la destruye?

¿Será de ofensa para otras personas?

Si podemos contestar estas preguntas con total sinceridad, entonces sabremos reconocer la tentación cuando golpee nuestra puerta y así poder enfrentarla con el poder que sólo nos da Cristo.

Una vez que hemos reconocido la tentación, el próximo paso es RESISTIRLA.

Ser cristiano no significa que siempre estaremos gozando de buena salud y sin ningún problema en el horizonte. Resistir la tentación es ponerse FIRME al lado de Cristo y resistir con Él, ayudados por Él.

Si Cristo odia el pecado debemos entonces nosotros también odiarlo. Cristo desea que nosotros experimentemos santidad en nuestro carácter y en nuestra forma de vida, porque cuando Cristo murió nosotros morimos también con Él; y cuando resucitó, resucitamos nosotros también con Él. Por eso debemos estar alegres. Por esta razón decía Santiago lo siguiente:

"Hermanos míos, ustedes deben tenerse por muy dichosos cuando se vean sometidos a pruebas de toda clase. Pues ya saben que cuando su fe es puesta a prueba, ustedes aprenden a soportar con fortaleza el sufrimiento. Pero procuren que esa fortaleza los lleve a la perfección, a la madurez plena, sin que les falte nada." Santiago 1.2-4 (DHH)

Ya vimos que no es cuestión de que si seré tentado o no, sino de cuándo seré tentado. La misma biblia nos advierte que ese día vendrá. Cuando ese momento llegue, ¿Podrá el Señor ayudarnos? Veamos lo que dice su Santa Palabra:

"Sabe el Señor librar de tentación a los piadosos, y reservar a los injustos para ser castigados en el día del juicio" 2 Pedro 2.9 (RVR60)

"Pues en cuanto Jesús mismo padeció siendo tentado, es poderoso para socorrer a los que son tentados." Hebreos 2.18 (RVR60)

"Porque no tenemos un sumo sacerdote que no pueda compadecerse de nuestras debilidades, sino uno que fue tentado en todo según nuestra semejanza, pero sin pecado." Hebreos 4.15 (RVR60)

"No os ha sobrevenido ninguna tentación que no sea humana; pero fiel es Dios, que no os dejará ser tentados más de lo que podéis resistir, sino que dará también juntamente con la tentación la salida, para que podáis soportar." 1 Corintios 10.13 (RVR60)

En todos estos pasajes vemos que el Señor es fiel y puede ayudarnos. Él nos dará la salida, siempre y cuando nos mantengamos firmes:

"Velad y orad, para que no entréis en tentación; el espíritu a la verdad está dispuesto, pero la carne es débil." Mateo 26:41 (RVR1960)

O como dice otra versión de este pasaje: "No se duerman; oren para que puedan resistir la prueba que se acerca. Ustedes están dispuestos a hacer lo bueno, pero no pueden hacerlo con sus propias fuerzas." (TLA)

"Has cumplido mi mandamiento de ser constante, y por eso yo te protegeré de la hora de prueba que va a venir sobre el mundo entero para poner a prueba a todos los que viven en la tierra." Apocalipsis 3:10 (DHH)

Tenemos entonces que estar despiertos, orando siempre. Tenemos que ser constantes, estudiando todos los días la Palabra para estar preparados cuando el día llegue.

"Por lo cual (Jesús) puede también salvar perpetuamente a los que por él se acercan a Dios, viviendo siempre para interceder por ellos." Hebreos 7:25 (RVR1960)

Jesús puede salvarte siempre, las 24 horas del día, los 365 días del año, en cualquier lugar y cualquiera sea tu situación, porque Él está constantemente rogando e intercediendo al Padre por ti.

Pero ¿A qué personas ayuda Jesús? Él ayuda a los que se acercan a Dios pidiendo ayuda por medio de Él. Si bien Jesús murió por nosotros y vive dentro nuestro, somos nosotros los que tenemos que acercarnos a Él.

"Acerquémonos, pues, confiadamente al trono de la gracia, para alcanzar misericordia y hallar gracia para el oportuno socorro." Hebreos 4.16 (RVR60)

Acércate con confianza al trono de Dios. Él te ayudará, porque es bueno y te ama.

Algo importante para destacar: debes pedir socorro en el mismo instante cuando lo necesitas. Muchas veces cometemos el error de dejar para después nuestra oración. Luego, más tarde (o demasiado tarde) clamamos a Dios con tristeza: "Señor perdóname, fracasé. Lo hice con mis propias fuerzas y fallé. Perdóname y límpiame". Es cierto que esta oración es efectiva, pero ¿no es mucho mejor orar en el momento cuando necesitas la ayuda para recibirla al instante?

Examina tu corazón y hazte la siguiente pregunta: ¿Anhelo yo verdaderamente la victoria sobre la tentación y el pecado o quiero un camino fácil al cielo y al perdón, al mismo tiempo que sigo en pecado?

La biblia nos muestra que Dios permite que Su pueblo sea probado, pero también nos indica que debemos estar en guardia contra la tentación y seguros de que Dios no dejará que Su pueblo sea tentado más de lo que pueda soportar.

9
Conociendo más a Dios

"Estad quietos, y conoced que yo soy Dios; Seré exaltado entre las naciones; enaltecido seré en la tierra." Salmos 46.10 (RVR60)

El pensamiento más excelente de nuestra existencia es el pensar en Dios. Creo firmemente que por esta razón el salmista declaró: "¡Cuán preciosos también son para mí, oh Dios, tus pensamientos! ¡Cuán inmensa es la suma de ellos!" Salmos 139.17 (RVR60)

Por esta razón, si tu pensamiento sobre el Creador de todas las cosas es alto, entonces llegarás alto en la vida y lograrás lo que te propones; si en cambio tu pensamiento de Dios está muy por abajo, nunca tendrás éxito en lo que emprendas.

Esto es porque actuamos de acuerdo al pensamiento que tenemos de Dios. La palabra más extraordinaria que tendrás la oportunidad de tener en tu mente es la palabra Dios.

Él te ha dado dos regalos para disfrutar en esta vida y desea que les saques el mayor provecho posible. Esos regalos son el hablar y el pensar. Eres libre para usar esos regalos cuando lo desees, pero siempre ten en cuenta que tú hablas de lo que piensas, así que es de extrema importancia que tus pensamientos siempre estén lo más cerca posible de tu Padre Celestial.

Para lograr grandes cosas en tu vida debes saber que tienes de tu lado a un gran Dios, y para saber esto necesitas conocerle a fondo, por eso tener una noción básica de Dios es primordial para vivir una vida cristiana victoriosa.

"Le dijo Tomás: Señor, no sabemos a dónde vas; ¿cómo, pues, podemos saber el camino? Jesús le dijo: Yo soy el camino, y la verdad, y la vida; nadie viene al Padre, sino por mí. Si me conocieseis, también a mi Padre conoceríais; y desde ahora le conocéis, y le habéis visto." Juan 4.5-7 (RVR60)

Jesucristo vino a restaurar la imagen del Padre. Fíjate que Jesús le dice a los discípulos "si me conocieseis".

Algo aberrante para Dios es la idolatría. Un ídolo es un sustituto de Dios, y ese ídolo llevará siempre la imagen de quien lo creó. Mira lo que Dios le dice a las personas que le desobedecen: "Estas cosas hiciste, y yo he callado; Pensabas que de cierto sería yo como tú; Pero te reprenderé, y las pondré delante de tus ojos." Salmos 50.21 (RVR60)

A veces pensamos que Dios es igual a nosotros, pero Él es Grande y Fuerte, el Altísimo, Coronado de Gloria.

Nunca distorsiones la imagen de Dios ni lo que Él es.

"Porque la ira de Dios se revela desde el cielo contra toda impiedad e injusticia de los hombres que detienen con injusticia la verdad; porque lo que de Dios se conoce les es manifiesto, pues Dios se lo manifestó. Porque las cosas invisibles de él, su eterno poder y deidad, se hacen claramente visibles desde la creación del mundo, siendo entendidas por medio de las cosas hechas, de modo que no tienen excusa. Pues habiendo conocido a Dios, no le glorificaron como a Dios, ni le dieron gracias, sino que se envanecieron en sus razonamientos, y su necio corazón fue entenebrecido. Profesando ser sabios, se hicieron necios, y cambiaron la gloria del Dios incorruptible en semejanza de imagen de hombre corruptible, de aves, de cuadrúpedos y de reptiles." Romanos 1.18-23 (RVR60)

Las cosas creadas nos revelan la gloria y la generosidad de Dios. Por esta razón Él se molesta muchísimo cuando no le reconocen o le confunden con otra cosa.

¿Dónde empezó todo? En el pensamiento, en el concepto que la gente tiene de Dios.

"Dice, pues, el Señor: Porque este pueblo se acerca a mí con su boca, y con sus labios me honra, pero su corazón está lejos de mí, y su temor de mí no es más que un mandamiento de hombres que les ha sido enseñado" Isaías 29.13 (RVR60)

Puede que tengas un conocimiento histórico de Dios y conozcas la historia de la creación, el diluvio, la liberación del pueblo de Israel y de otros acontecimientos donde Dios se movió poderosamente, pero lo más importante es que le conozcas personalmente. Él tiene que ser el actor principal en tu vida y necesitas tener un encuentro personal y verdadero con el Creador y formador de tu vida. Hasta que no tengas esa experiencia no podrás renovar y purificar el concepto que tienes de Dios de tal manera que llegue a ser digno de Él.

Como mencioné antes, una manera de pensar correctamente sobre Dios es conocerle, así que veamos ahora cómo es Él según Su Palabra, de esta manera tendremos un concepto claro y verdadero de Su persona.

1. Él es imponente y hacedor de grandes maravillas.
"Porque tú eres grande, y hacedor de maravillas; Sólo tú eres Dios." Salmos 86.10 (RVR60)

2. Ama la justicia y la rectitud.
"Porque Jehová es justo, y ama la justicia; El hombre recto mirará su rostro. Salmos 11.7 (RVR60)

3. Es Salvador de Su pueblo.
"La salvación es de Jehová; Sobre tu pueblo sea tu bendición." Salmos 3.8 (RVR60)

4. Es el mejor consejero.
"Bendeciré a Jehová que me aconseja; Aun en las noches me enseña mi conciencia." Salmos 16.7 (RVR60)

5. Es el gran rey de toda la tierra.
"Porque Jehová el Altísimo es temible; Rey grande sobre toda la tierra." Salmos 47.2 (RVR60)

6. Es Bueno y perdonador.
"Porque tú, Señor, eres bueno y perdonas; eres todo amor con los que te invocan.." Salmos 86.5 (DHH)

7. Oye tu oración.
"El Señor atiende al clamor del hombre honrado, y lo libra de todas sus angustias." Salmos 34.17 (DHH)

8. Es Santo y habita en medio de tus alabanzas.
"Pero tú eres santo, Tú que habitas entre las alabanzas de Israel." Salmos 22.3 (RVR60)

9. Tu Dios es mayor que todos los dioses.
"Porque yo sé que Jehová es grande, Y el Señor nuestro, mayor que todos los dioses." Salmos 135.5 (RVR60)

10. Está cercano a los quebrantados de corazón.
"Dios siempre está cerca para salvar a los que no tienen ni ánimo ni esperanza. Los que son de Dios podrán tener muchos problemas, pero él los ayuda a vencerlos. Dios cuida de ellos y no sufrirán daño alguno." Salmos 34.18-20 (TLA)

¿Cuál ha sido el concepto que has tenido de Dios hasta ahora? ¿Tienes un Dios pequeño, que no puede ayudarte con tus problemas cotidianos? ¿O tienes un Dios poderoso como el que acabas de leer más arriba?

El día de hoy no dejes de apartar un tiempo para reflexionar cuál ha sido hasta ahora el concepto de Dios que tenías en tu cabeza. Recuerda que si adoras a un Dios pequeño, vivirás una vida con bendiciones pequeñas y con una pequeña amistad con Él, y eso no cambiará tu vida ni tampoco influenciará a los que te rodean.

Sea cual sea tu situación el día de hoy, anímate a engrandecer a tu Dios. De una vez por todas cambia el concepto que has tenido de Él. Deshazte de ese Dios pequeñito, débil y escuálido hoy mismo y reemplázalo con las verdades de la Palabra que acabas de leer.

Anota los versículos anteriores y llévalos contigo, léelos una y otra vez hasta que los puedas memorizar. En tiempos de aflicción y duda el Espíritu Santo los traerá a tu memoria y tu fe será fortalecida.

10
¿Por qué permite Dios el sufrimiento?

Creo que este tipo de pregunta la escuchamos muy a menudo de gente que no conoce a Dios personalmente, ya que es una excusa perfecta para no creer en Él. Esta es la clásica pregunta que sueltan aquellos que explican que si Dios existiera no permitiría el sufrimiento en la tierra.

A pesar de que esta pregunta la hacen los incrédulos, sé que esta misma pregunta sigue rondando las mentes de muchos cristianos en todas partes del mundo. ¿Es malo preguntarse por qué? No. No está mal cuestionar. No está mal debatir, ya que solo investigando se obtienen respuestas.

Como cristianos que somos podemos entender que a veces la calamidad y el desastre pueden golpear las vidas de aquellos que no conocen al Creador, pero cuando nos toca sufrir a nosotros nos sentimos confundidos.

En el momento que un buen cristiano sufre es muy

frecuente oír: "Si la palabra de Dios dice «el ángel del Señor acampa en derredor de los que le temen y los defiende», ¿por qué me sucedió esto?". Hay incontables promesas de protección que están mencionadas dentro de la biblia, aun así, como cristianos todavía sufrimos, y por eso la interrogante: ¿Por qué lo permite Dios?

Como lo mencioné con anterioridad, no está mal cuestionar, ya que a Dios no le molesta si tienes preguntas. En la biblia, tanto en el Antiguo como en el Nuevo Testamento vemos ejemplos tanto de hombres como mujeres que tuvieron que sufrir. El suceso más destacado en el Antiguo Testamento es el de Job, quien pese a que fue perfecto en su camino tuvo que sufrir muchos pesares y tormentos porque Dios así lo permitió.

Y qué podemos decir de David, el cual sufrió persecución bajo el reinado de Saúl y que también fue perseguido por su propio hijo, que quería matarlo. Leamos lo que escribió el apóstol Pablo: "En cinco ocasiones los judíos me castigaron con los treinta y nueve azotes. Tres veces me apalearon, y una me apedrearon. En tres ocasiones se hundió el barco en que yo viajaba, y, a punto de ahogarme, pasé una noche y un día en alta mar. He viajado mucho, y me he visto en peligros de ríos, en peligros de ladrones, y en peligros entre mis paisanos y entre los extranjeros. También me he visto en peligros en la ciudad, en el campo y en el mar, y en peligros entre falsos hermanos. He pasado trabajos y dificultades; muchas veces me he quedado sin dormir; he sufrido hambre y sed; muchas veces no he comido; he sufrido por el frío y por la falta de ropa." 2 Corintios 11.24-27 (DHH)

Podría seguir contándote sobre los discípulos de Jesús y sus muertes violentas, sobre otros cristianos mártires que a través de la historia pagaron con sus vidas por ser obedientes a su fe y podría continuar hasta nuestros días. Y estoy bien seguro que incluso tú también tienes historias sobre sufrimiento y angustia que podrías contar.

Pero antes de pretender entender por qué Dios permite el dolor, vayamos al libro de Romanos para leer el siguiente pasaje:

"Sabemos que Dios dispone todas las cosas para el bien de quienes lo aman, a los cuales él ha llamado de acuerdo con su propósito. ¿Quién nos podrá separar del amor de Cristo? ¿El sufrimiento, o las dificultades, o la persecución, o el hambre, o la falta de ropa, o el peligro, o la muerte violenta? Como dice la Escritura: «Por causa tuya estamos siempre expuestos a la muerte; nos tratan como a ovejas llevadas al matadero.» Pero en todo esto salimos más que vencedores por medio de aquel que nos amó. Estoy convencido de que nada podrá separarnos del amor de Dios: ni la muerte, ni la vida, ni los ángeles, ni los poderes y fuerzas espirituales, ni lo presente, ni lo futuro, ni lo más alto, ni lo más profundo, ni ninguna otra de las cosas creadas por Dios. ¡Nada podrá separarnos del amor que Dios nos ha mostrado en Cristo Jesús nuestro Señor!" Romanos 8.28, 35-39 (DHH)

Pienso con firmeza que el sufrimiento es permitido por Dios en la vida del cristiano por muchas razones. La razón principal que tienes que tener en cuenta es que vivimos en un mundo que está corrompido a causa del pecado. En su plan original, Dios no tenía lugar para el sufrimiento, sin embargo, a causa de que el hombre pecó, el mal entró a esta tierra y convivimos con él desde entonces. Como cristianos no estamos exentos del sufrimiento, aún así, Dios utiliza lo malo que nos sucede y lo convierte en bendición y en una experiencia para madurar. A continuación comparto contigo lo que el Espíritu Santo me ministró sobre por qué los cristianos experimentamos también el sufrimiento y el dolor. Mientras lees, ora y pídele al Espíritu Santo que te hable.

Dios permite el sufrimiento para saber quiénes somos verdaderamente. Hemos visto con anterioridad que Dios está activamente buscando personas que le sean fieles, que tengan un corazón pronto para obedecerle, una actitud de profundo amor que hace que estén dispuestos a servirle, ya que Dios considera el corazón de sus hijos como un especial tesoro si te rindes sin reservas ni condiciones a Él.

El salmista declara en el libro de Salmos 125.1-2: "Los que confían en el Señor son inconmovibles; igual que el monte Sión, permanecen para siempre. Así como los montes rodean a Jerusalén, el Señor rodea a su pueblo ahora y siempre." (DHH)

Si estás atravesando el valle de sombra de muerte, como dice el salmo 23, recuerda que es una experiencia pasajera, no será para siempre. Si te mantienes firme en el Señor, esa tormenta pronto pasará. Déjame decirte algo muy importante que siempre debes recordar, nunca lo olvides: Dios está contigo siempre, antes, durante y también después de la tormenta. El versículo 2 del salmo

125 que leíste unos renglones más arriba indica que Jehová está alrededor de su pueblo AHORA y SIEMPRE. Dios está contigo peleando tus batallas, haciéndote compañía aun en los momentos más duros de tu vida. Nunca lo olvides, siempre tenlo presente no importa cuán grande sea tu angustia, recuerda que Jesús ha prometido estar contigo "todos los días hasta el fin del mundo" Mateo 28:20 (RVR60) Tenemos un Dios amoroso y compasivo en el cual podemos confiar, "pues él no va a permitir que sufran más tentaciones de las que pueden soportar. Además, cuando vengan las tentaciones, Dios mismo les mostrará cómo vencerlas, y así podrán resistir." 1 Corintios 10:13 (TLA)

Dios aprueba el sufrimiento para que podamos aprender a dar gracias en todo. En determinadas ocasiones Dios desea mostrarnos pensamientos y actitudes de las cuales no estábamos al tanto. Es así que entonces Él puede efectuar en nosotros los ajustes que Él considera necesarios. Hay mucha gente que todavía está buscando la voluntad de Dios para su vida, parece que no han leído este pasaje:

"Dad gracias en todo, porque esta es la voluntad de Dios para con vosotros en Cristo Jesús. 1er. Libro de Tesalonicenses 5:18 (RVR60)

¿Dar gracias en todo? Hacer eso es muy difícil cuando nos toca enfrentar un trago amargo que nos deja paralizados completamente. Pero la biblia dice "Den gracias a Dios por todo, porque esto es lo que él quiere de ustedes como creyentes en Cristo Jesús." (DHH) Es decir que la voluntad de Dios es que seamos agradecidos EN TODO, y eso incluye que lo hagamos aún en el dolor.

Creo que por esta razón la biblia habla acerca del sacrificio de alabanza, porque involucra dedicación, tiempo, y esfuerzo honrar a Dios cuando estamos pasando por una situación que implica dolor y padecimiento. NO es fácil alabar a Dios en medio del dolor.

La Palabra de Dios declara: "Ofrezcan sacrificios de alabanza, y publiquen sus obras con júbilo." Salmos 107.21-22 (RVR60) Otra versión dice: "Den gracias al Señor por su amor, ¡por lo que hace en favor de los hombres! Ofrézcanle sacrificios de gratitud y hablen con alegría de sus actos."

Si aprendes a ser agradecido con Dios en todo momento y cualquiera sea tu situación serás mucho más consciente de Su presencia y demostrarás una fe mucho más madura en Su persona. No permitas que el desagradecimiento y la amargura invadan tu corazón, más bien ten la actitud de Job, quien en medio de su gran dolor pudo decir: "Nada he traído a este mundo, y nada me voy a llevar. ¡Bendigo a Dios cuando da! ¡Bendigo a Dios cuando quita! Y a pesar de todo lo que le había sucedido, Job no ofendió a Dios ni le echó la culpa." Job 1.21-22 (TLA)

Sufrimos porque Dios quiere que te des cuenta que estás en esta tierra temporalmente. Existen numerosos pasajes de la biblia donde se nos recuerda que estamos aquí de paso, y de que no es muy sabio aferrarse a las cosas de este mundo, ya que son transitorias.

Mira, por ejemplo, lo que dice Colosenses 3.1-4: "Dios les dio nueva vida, pues los resucitó juntamente con Cristo. Por eso, dediquen toda su vida a hacer lo que a Dios le agrada. Piensen en las cosas del cielo, donde Cristo gobierna a la derecha de Dios. No piensen en las cosas de este mundo. Pues ustedes ya han muerto para el mundo, y ahora, por medio de Cristo, Dios les ha dado la vida verdadera. Cuando Cristo venga, también ustedes estarán con él y compartirán su gloriosa presencia." (TLA)

La versión NVI traduce el versículo 2 de la siguiente manera: "Concentren su atención en las cosas de arriba, no en las de la tierra". Debes recordar que Dios no te ha puesto en esta tierra para simplemente amontonar riquezas ni tampoco para que sobresalgas conforme a los modelos de la sociedad actual. Continuamente debes tener presente que somos peregrinos, que nuestra verdadera ciudadanía está en el cielo, y que realmente estamos de paso por esta tierra. Nunca te dejes atrapar por las cosas pasajeras y transitorias de este mundo en decadencia.

Cuando lleguen los tiempos difíciles y te sientas agobiado por la preocupación, cuando las cosas no salgan como esperabas, acuérdate que tu Padre Celestial estará esperándote en aquella ciudad preparada especialmente para ti.

Lamentablemente hoy día veo muchos cristianos pasando más tiempo con su carro nuevo, sacándole brillo, lustrándolo para que quede muy bonito, pero con poco tiempo para sacarle brillo a su corazón, de tal manera que brille Jesús en sus vidas.

Al apóstol Pablo le tocó sufrir mucho a causa del evangelio, y nosotros a veces nos quejamos porque nos vino una boleta vencida, porque nuestro hijo reprobó un examen, o porque algún familiar está enfermo. Leamos lo que dice Pablo en 2 Corintios 4:16-18:

"Por eso no nos desanimamos. Aunque nuestro cuerpo se va gastando, nuestro espíritu va cobrando más fuerza. Las dificultades que tenemos son pequeñas, y no van a durar siempre. Pero, gracias a ellas, Dios nos llenará de la gloria que dura para siempre: una gloria grande y maravillosa. Porque nosotros no nos preocupamos por lo que nos pasa en esta vida, que pronto acabará. Al contrario, nos preocupamos por lo que nos pasará en la vida que tendremos en el cielo. Ahora no sabemos cómo será esa vida. Lo que sí sabemos es que será eterna." (TLA)

Hablando de este tema, el reconocido escritor británico, C.S. Lewis dijo: "Todo lo que no sea eterno, es eternamente inútil."

Así que te animo a que no te distraigas con lo que ven tus ojos, sino que te puedas enfocar en lo invisible. ¿Sabes por qué? Porque lo que se puede ver es temporal, pero lo invisible, es decir, lo que no puedes ver, es eterno.

"Dios les dio nueva vida, pues los resucitó juntamente con Cristo. Por eso, dediquen toda su vida a hacer lo que a Dios le agrada. Piensen en las cosas del cielo, donde Cristo gobierna a la derecha de Dios. No piensen en las cosas de este mundo. Pues ustedes ya han muerto para el mundo, y ahora, por medio de Cristo, Dios les ha dado la vida verdadera. Cuando Cristo venga, también ustedes estarán con él y compartirán su gloriosa presencia." Colosenses 3.1-3 (TLA)

Dios permite que suframos porque nos hace bien. Puedes volver a leerlo pero no está mal escrito, ni se olvidó el corrector de componer esa frase. Has leído anteriormente que nuestra fe necesita ser probada. De igual manera, cuando te toque vivir el sufrimiento debes siempre recordar que todo, incluyendo lo que no entiendes, te ayuda para bien. Mira lo que dice la Palabra de Dios al respecto:

"Sabemos que Dios dispone todas las cosas para el bien de quienes lo aman, los que han sido llamados de acuerdo con su propósito." Romanos 8.28 (NVI)

Tal vez no puedas verlo en medio de tu sufrimiento, tal vez no puedas verlo luego de pasar por esa tormenta, pero en algún momento entenderás por qué Dios permitió que vivieras esa situación tan dura. Ya sea que lo entiendas o no, Dios te ayudará a salir, te consolará y enjugará tus lágrimas. Y si experimentas el consuelo de Dios, compártelo con otros: "Él nos consuela en todas nuestras dificultades para que nosotros podamos consolar a otros. Cuando otros pasen por dificultades, podremos ofrecerles el mismo consuelo que Dios nos ha dado a nosotros. Pues, cuanto más sufrimos por Cristo, tanto más Dios nos colmará de su consuelo por medio de Cristo." 2 Corintios 1.4-5 (NTV)

Dios permite que suframos porque desea conversar. Dios desea tener una comunicación fluida contigo. Él desea hablarte, pero en muchas ocasiones es solo en el dolor y el sufrimiento cuando estamos altamente sensibles a escuchar su voz. Demasiado a menudo vivimos tan aislados y apartados de Su presencia que no nos damos cuenta lo que Él desea hacer con y en nosotros. Participamos en muchísimas actividades, vamos de aquí para allá haciendo cosas, pero nos falta tener una experiencia con Jesús todos los días. El salmista decía:

"Me mostrarás el camino de la vida. Hay gran alegría en tu presencia; hay dicha eterna junto a ti." Salmos 16.11 (DHH)

El vivir una época de dolor o sufrimiento es simplemente una oportunidad más que Dios te brinda para que puedas conocerle más profundamente y puedas sentir el poder sanador del abrazo de ese Padre amoroso.

Solo en Su divina presencia sentirás el gozo verdadero aun en medio de tu padecimiento y hallarás la paz, esa paz que este mundo no alcanza a comprender. En ese momento podrás decir como el salmista David: "Bendeciré al Señor, porque él me guía, y en lo íntimo de mi ser me corrige por las noches. Siempre tengo presente al Señor; con él a mi derecha, nada me hará caer. Por eso, dentro de mí, mi corazón está lleno de alegría." Salmos 16.7-9 (DHH) Que no pase este día sin que dediques aunque sea unos minutos para estar con Jesús, te aseguro que encontrarás la paz que tanto necesitas.

Dios permite nuestro sufrimiento para que apreciemos el poder de Su fuerza en nosotros. Al pasar por una situación apremiante tienes dos opciones: puedes decir "puedo afrontar esta situación yo solito, a mí nadie podrá derribarme". Si escoges esa actitud estás dejando a Jesús de lado, sería como decirle: "yo solito puedo enfrentar esta situación, así que no te necesito, por favor hazte a un lado".

En una ocasión, el apóstol Pablo le solicitó a Dios en oración que lo librara de su agonía, pero Dios le dijo así: "Te basta con mi gracia, pues mi poder se perfecciona en la debilidad." Entonces Pablo dijo luego: "Por lo tanto, gustosamente haré más bien alarde de mis debilidades, para que permanezca sobre mí el poder de Cristo. Por eso me regocijo en debilidades, insultos, privaciones, persecuciones y dificultades que sufro por Cristo; porque cuando soy débil, entonces soy fuerte." 2da. Carta a los Corintios 12:8-10 (RVR60)

¿Te fijas la actitud que tuvo Pablo? Se regocijaba en sus debilidades y dificultades con tal de experimentar el poder de Dios en su debilidad. En lugar de querer avanzar en la vida con tus propias fuerzas, ¿Por qué no le pides a Dios que te guíe y te llene con su gracia para que puedas experimentar Su fortaleza en medio de tu debilidad?

El consuelo y la compañía de Dios son absolutamente más grandes que todo tu sufrimiento. Deja que el amor de Dios sea todo lo que necesites; de esta manera Su poder se mostrará plenamente en tu debilidad. Haz como Pablo, que se gloriaba en ser débil, para que repose sobre él el poder de Cristo.

Dios permite el sufrimiento con el fin de darte otra oportunidad para confiar en Él. Si viene el desastre a tu vida o te golpea la calamidad recuerda que es otra oportunidad. Otra oportunidad para confiar en tu Dios poderoso. Si los médicos te explican que ya no pueden hacer nada, entonces sabes que es tiempo de mirar hacia arriba.

"Al contemplar las montañas me pregunto: « ¿De dónde vendrá mi ayuda?» Mi ayuda vendrá del Señor, creador del cielo y de la tierra." Salmos 121.1-2 (DHH)

Con cuánta frecuencia no acudimos a Dios sino hasta último momento, cuando ya la aflicción y el dolor están sobre nosotros. Hay momentos en que nuestro orgullo se hace fuerte dentro de nosotros y terminamos por pensar que podemos lograrlo todo sin ayuda de nadie más y por nuestros propios medios. Pensamos que lo tenemos todo bajo control, pero no es así.

El sufrimiento te mantiene humillado, totalmente dependiente de Su inmensa misericordia, con el fin de que puedas reconocer que "el Señor es Dios; él nos hizo y somos suyos; ¡somos pueblo suyo y ovejas de su prado!" Salmos 100.3 (DHH) Cuando algún dolor golpee a tu vida, recuerda que es otra oportunidad para confiar en Él.

Acabas de leer siete razones por las cuales Dios permite el sufrimiento. Te animo a que reflexiones en lo que acabas de leer:

¿Cuál es tu actitud frente a la adversidad?

¿Cómo te hace sentir cuando experimentas algún evento que no entiendes? ¿Entregas esa situación al Señor o quieres buscar explicaciones?

¿Puedes levantar tu voz en alabanza a pesar de tu sufrimiento?

Cuando sucede algo inesperado, ¿Vas con el Señor en oración?

¿Estás consciente de que tu paso por la tierra es pasajero? ¿Cómo lo manifiestas?

11
Vivir para dar

Hace poco llegó a mis manos otro número de la revista de la universidad donde me gradué: Cristo para las Naciones en Dallas, TX. Y fue para mí muy grato leer un artículo de Wayne Myers, misionero en México por más de 64 años. El hermano Wayne es un apóstol y un mentor espiritual para la nación de México. Si alguien puede enseñar sobre la provisión de Dios y las bendiciones que obtenemos al dar, ése es el hermano Myers. Ninguno que lo escucha predicar sale como entró luego de oír sobre la importancia de invertir en la eternidad. Sus mensajes y libros han impactado mucho mi vida, tanto como lo hizo este pequeño artículo que me tomé el atrevimiento de traducir, pues creo que el tema del dar y ser generoso es de vital importancia para vivir una vida cristiana victoriosa. A continuación podrás leer este pequeño pero poderoso mensaje, del cual aprenderás 7 principios que bendecirán tu vida.

¡Oh, la gloriosa alegría de vivir para los demás! Las incontables bendiciones que vienen de aquellos que caminan en los pasos de Jesús, quien vino a la tierra no para conseguir, sino para dar (Marcos 10:45). Una vez que adoptas este estilo de vida, nunca más tendrás que contar de a centavos ni tampoco apretujar un billete de un dólar tan fuerte que hasta George Washington deba lagrimear. Por supuesto, no todos tus parientes o amigos comprenderán este estilo de vida. Algunos se ofrecerán a pagarte los honorarios del psiquiatra para demostrar que estás loco. Tu vida bien puede atraer a la gente hacia ti, o también puede hacer que te eviten como si fueras una peste. Pero una vez que decidas practicar esta vida de vivir para los demás y buscar siempre oportunidades para bendecirlos, nunca más tendrás que pensar en vivir sólo para ti mismo. El que vive para dar no va a sufrir la falta de ningún bien, y cuando das porque simplemente no puedes evitarlo, porque Su amor fluye a través de ti, entonces recibirás, porque no lo puedes detener.

Los dones más preciosos de Dios no son cosas perecederas, sino oportunidades. La vida nos ofrece muchas oportunidades para bendecir a los demás, puede ser sólo una lágrima, una oración, un abrazo, una carta, o una ofrenda. El fallecido Leonard Ravenhill dijo: "La oportunidad de tu vida debe ser aprovechada durante la vida de esa oportunidad."

Dios nos ha guiado a esta bendita manera de vivir más de seis décadas atrás, y realmente ¡ha sido una gloriosa aventura! He enseñado este estilo de vida en el Amazonas, a través de África, de América del Sur, de Asia, y de todo el mundo occidental. He visto personas y congregaciones enteras ir de tener "apenas lo suficiente" hasta tener una abundancia para compartir con los demás.

El difunto Tommy Tyson dijo: "Dios deposita su provisión a medida que transitas en el camino de la obediencia." Así que no te olvides, Dios no puede poner nada en la mano que nunca se abre para dar.

A pesar de que una vida generosa incluye mucho más que dinero, como ser un buen administrador de nuestro tiempo y recursos, claro que incluye el dinero. En la Biblia se menciona más sobre el dinero que la fe, el amor, el cielo y el infierno combinados. Se menciona más de 2.085 veces en la Escritura. Lo que hacemos con nuestro dinero es lo que estamos haciendo con nuestras vidas. El dinero puede ser un buen siervo, pero es un amo terrible. Jesús dijo: "Ninguno puede servir a dos señores; porque o aborrecerá al uno y amará al otro, o estimará al uno y menospreciará al otro. No podéis servir a Dios y a las riquezas"(Mateo 6:24). Tenemos que aprender a dominar nuestros bienes temporales, o serán ellos los que nos dominen finalmente.

Muchas son las bendiciones que una gran cantidad de hijos amados por Dios se están perdiendo no practicar este principio. Dar no es una tarea, sino una bendición. No estás perdiendo, sino ganando. No se trata de lo poco que podemos dar y ser aceptados, sino de lo que el Espíritu Santo nos inspira a invertir en Su Reino. Hay siete verdades que he estado enseñando en todo el mundo y que han bendecido a miles de personas. Las mismas han ayudado a recaudar millones de dólares para construir el Reino de Dios.

1. Somos administradores y no dueños (1 Corintios 4:1, 2). Toda la plata y el oro le pertenece al Señor (Hageo 2:8). Cuando le damos a Dios, sólo le estamos devolviendo lo que ya es suyo (1 Crónicas 29:11, 14, 16). No damos el diezmo, lo traemos delante de Él (Malaquías 3:8-12).

Si no das el diezmo, Dios te acusa de robarle su dinero. ¿Cómo te sentirías si luego de robar tu dinero el ladrón te pide que ores a Dios para que lo bendiga y multiplique lo que te acaba de robar? Parece gracioso, sin embargo, si no traes el diezmo y todavía le pides a Dios que te prospere, estás haciendo algo tan ilógico como el pedido de oración del ladrón. Si tu vecino cristiano no da su diezmo, entonces ten mucho cuidado. Si es lo suficientemente valiente como para robarle a Dios, quién te dice que no te robe también tu coche.

2. Comienza a vivir generosamente con lo que tienes (Hechos 3:6). Pedro le dio al hombre cojo lo que tenía: fe para su curación. "Poco es mucho si Dios está allí, y mucho es nada si se busca egoístamente". Sólo en la matemática de Dios dos más dos son más de cuatro. De hecho, las matemáticas de Dios en realidad sólo utilizan uno de nuestras funciones aritméticas: la multiplicación.

3. Da con un corazón agradecido (Lucas 7:36-50). Una mujer pecadora bañó los pies de Jesús con sus lágrimas, los secó con sus cabellos, los besó y luego los perfumó... estaba muy agradecida. La gratitud es casi un arte perdido, incluso entre los los cristianos. La Palabra nos dice que Dios ama al dador alegre.

4. Da con los motivos correctos (Colosenses 3:17).

"Hagas lo que hagas sea de palabra o de hecho, hacedlo todo en Su Nombre y para Su gloria." Cualquier regalo o servicio que se hace con la motivación equivocada, sin importar qué tan exitoso puede aparecer a los ojos del hombre, borra cualquier recompensa de Dios... Él no dará su gloria a nadie.

5. Da generosamente y con alegría (2 Corintios 9:7). Dios ama al dador alegre, pero como dijo el difunto Judson Cornwall: "Dios también puede recibir de un gruñón." En una ocasión un padre le dio a su hijo pequeño un dólar y una moneda de veinticinco centavos con las instrucciones de que la moneda era para el caramelo y el dólar para la ofrenda de la escuela dominical. Cuando el niño regresó a su casa, trajo un gran saco de caramelos.

Sorprendido, el padre le preguntó de dónde había sacado tantos dulces con sólo una moneda. El hijo respondió que el caramelo le había costado un dólar. Su padre le preguntó por qué había hecho todo lo contrario a lo que él le dijo que hiciera. Su hijo le respondió que él sólo quería obedecer las Escrituras... el gran Apóstol Pablo dijo: "Dios ama al dador alegre." Puesto que le daría mucha alegría dar la moneda, optó por hacerlo, en lugar del dólar.

6. Da en fe (Lucas 6:38). Espera en Dios a que haga dos cosas con lo que das: 1) Que cubrirá la necesidad para lo que fue dado, y 2) Que esa dádiva (la semilla) produciría una cosecha abundante a cambio, no para perder, sino para volver a sembrar.

Hace muchos años, estaba ministrando entre los indígenas otomíes en el norte de la Ciudad de México, en una congregación ubicada en lo alto de las montañas. Ese domingo por la mañana, les prediqué sobre la administración y me di cuenta de que muchos indígenas no diezmaban. Así que esa mañana anuncié que a las 2:30 de la tarde íbamos a dedicar los diezmos y las primicias.

Un hermano me pidió que esperara hasta las 3 de la tarde para la dedicación. Cuando le pregunté por qué, me dijo que le tomaría 3 horas para volver a su casa, coger la cabra que quería dar y volver. Así que pospuse la dedicación debido a su solicitud. El hermano llegó a la hora señalada, trayendo con él un cabrito que no sentía el llamado al ministerio: lloraba a cada paso que daba. Ese día, dediqué 46 pollos y pavos, nueve cabras y cerdos, dediqué frijoles, maíz y hasta dinero en efectivo. Fue un tiempo de gran regocijo entre los queridos pueblos indígenas.

Diez años más tarde, volví a ministrar en esa iglesia. Les pregunté: "En mi primera visita, ¿cuántas cabras tenía el hombre que me pidió retrasar la dedicación?" El pastor respondió: "Seis". Y le pregunté nuevamente: "¿Y Cuántas tiene ahora?" A lo que el pastor respondió: "Ahora tiene cabras en todo el monte." ¡Aleluya! Ese es mi Dios en acción.

7. Da con fe creativa lo que no tienes (Marcos 11:23, 24). Pablo enseña en 2 Corintios 8:12 que Dios acepta lo que tenemos, no lo que no tenemos. Jesús dijo en Marcos que nuestra fe puede producir mañana lo que nuestros ojos no ven hoy en día. He visto millones de dólares ser ofrendados para el reino de Dios a través de

la fe obediente, gente que da lo que tiene pero también con la promesa de lo que no tienen para que nosotros los misioneros podamos ir por todo el mundo.

Mucha gente se acuerda de dar sólo cuando se acerca Navidad. Pero piensa por un momento: ¿Nos atrevemos a gastar más en los regalos para nuestras familias y amigos que en aquellos que son para la Iglesia de Cristo y su reino eterno? No conozco una mejor inversión que compartir lo que tenemos con aquellos que lo necesitan. Puedes optar por bendecir a un orfanato, donar recursos para la asociación bíblica de tu país con el fin de imprimir más literatura, donar para el techo de una iglesia, o tantos otros ministerios que puedes bendecir.

Pídele al Señor que te muestre la necesidad para que cuando siembres, Él use esa semilla para Sus propósitos eternos. Al orar, yo sé que Dios te va a guiar, porque cuando bendecimos a los demás estamos bendiciéndolo a Él. En Mateo 25, Jesús les dijo a sus discípulos: "Tuve hambre y me disteis de comer, tuve sed y me disteis de beber, estuve desnudo, y me has vestido, enfermo y en la cárcel y me visitasteis. ", y los discípulos respondieron, "No recordamos haber hecho esas cosas ", y él respondió:" En la medida en que lo hagan al más pequeño de ellos, me lo hacen a mí. "

Repito otra vez lo que dije anteriormente, no hay mayor gozo en que vivir para dar. Tu vida experimentará un pedacito de cielo si sigues los pasos de Jesús, quien vino para servir y dar.

No hay mejor momento para reevaluar nuestras prioridades y volver a dedicar nuestras vidas y nuestras posesiones. Debemos concentrarnos en Aquel que vino a esta tierra, vivió, murió y resucitó para mostrar que la vida es más que vivir y la muerte es más que morir. Que tu vida sea llena por la poderosa mano de Dios a medida que abres tu corazón y tus manos para bendecir a otros en Su nombre y para su gloria.

Estimado Lector

Nos interesa mucho sus comentarios y opiniones sobre esta obra. Por favor ayúdenos comentando sobre este libro. Puede hacerlo dejando una reseña en la tienda donde lo ha adquirido.

Puede también escribirnos por correo electrónico a la dirección info@editorialimagen.com

Si desea más libros como éste puedes visitar el sitio de **Editorialimagen.com** para ver los nuevos títulos disponibles y aprovechar los descuentos y precios especiales que publicamos cada semana.

Allí mismo puede contactarnos directamente si tiene dudas, preguntas o cualquier sugerencia. ¡Esperamos saber de usted!

MAS LIBROS DE INTERÉS:

Ángeles en la Tierra - Historias reales de personas que han tenido experiencias sobrenaturales con un ángel

Este libro no pretende ser un estudio bíblico exhaustivo de los ángeles según la Biblia – hay muchos libros que tratan ese tema. Los ángeles son tan reales y la mayoría de las personas han tenido por lo menos una experiencia sobrenatural o inexplicable.

El Poder Espiritual de las Siete Fiestas de Dios - Descubre la relevancia que estas celebraciones tienen para el cristiano y los eventos futuros.

La perspectiva espiritual se agudiza llevándonos a comprender que los designios de Dios, muchas veces, son más complejos que lo que aparentan ser a primera vista. Esto es lo que podemos ver en las fiestas que Él dio al pueblo de Israel en el tiempo de Moisés. Cada una de las fiestas tiene un significado y un propósito más allá de ser una simple celebración.

Conociendo más a la persona del Espíritu Santo

Este libro sobre la Persona del Espíritu Santo es el relato de un viaje personal. Después de muchos años de ser creyentes el Señor puso una inquietud en mi vida y la de mi esposo - la inquietud por buscar la llenura del Espíritu Santo. Fue un 'viaje' donde aprendimos mucho y en estas páginas comparto esa aventura espiritual.

Dios está en Control - Descubre cómo librarte de tus temores y disfrutar la paz de Dios

En este libro, el pastor Jorge Lozano, quien nació en México y vive en Argentina desde hace más de 20 años, nos enseña cómo librarnos de los temores para que podamos experimentar la paz de Dios.

La Ley Dietética - La clave de Dios para la salud y la felicidad

Es hora de que rompamos la miserable barrera nutricional y empecemos a disfrutar de la buena salud y el bienestar que Dios quiere que tengamos. Al leer este libro descubrirás los fundamentos para edificar un cuerpo fuerte y sano que dure mucho tiempo, para que disfrutes la vida y para que sirvas al Señor y a su pueblo por muchos años.

Gracia para Vivir - Descubre cómo vivir la vida cristiana y ser parte de los planes de Dios

Martin Field, teólogo del Moore Theological College en Sidney, Australia, nos comparte en este libro sobre la gracia que proviene de Dios. La misma gracia que trae salvación también nos enseña cómo vivir mientras esperamos la venida de Jesús.

 **Una Ventana Abierta en el Cielo** - Un comentario bíblico del Apocalipsis de San Juan

¿Qué pasará con la humanidad? ¿Será destruído el planeta tierra? No hay dudas que nuestro planeta sufre los peores momentos. Ante una cada vez mas intensa ola de desastres naturales y la presente realidad de una sociedad resquebrajada moralmente. Surgen las preguntas: ¿Hacia dónde se encamina la humanidad entera? ¿Tiene su historia un propósito? ¿Dónde encontrar respuestas?

www.ingramcontent.com/pod-product-compliance
Lightning Source LLC
Chambersburg PA
CBHW052059070526
44584CB00017B/2251